MRS. BELLA
CONTOUR & CONFIDENCE

# MRS. BELLA
## CONTOUR & CONFIDENCE
### MEINE BEAUTY-GEHEIMNISSE

Mit exklusiven Looks
und Insider-Storys

FISCHER

2. Auflage 2018

Erschienen bei FISCHER Taschenbuch
Frankfurt am Main, Oktober 2018

© 2018 S. Fischer Verlag GmbH, Hedderichstr. 114, D-60596 Frankfurt am Main

Texte: Mrs. Bella
Redaktionelle Betreuung und Bearbeitung: Frau Baumann
Layout & Satz: Christina Hucke, Frankfurt am Main
Cover- und Umschlaggestaltung: Schiller Design, Frankfurt am Main
Projektleitung: Katharina Färber

Coverfoto: © Benjamin Becker Photography
Bildnachweis: siehe Seite 192

Druck und Bindung: Print Consult GmbH, München
Printed in Hungary
ISBN 978-3-7335-0485-4

*Dieses Buch widme ich*

Meiner Familie und vor allem meiner Mama, die mich zu dem gemacht hat, was ich heute bin. Die mich in allem unterstützt und die größte Liebe ausstrahlt, die ich mir vorstellen kann. Du bist die beste und coolste Mama, die man sich wünschen kann.

Meinen Mädels. Ohne euch wäre ich schon mehr als nur ein Mal durchgedreht. Danke, dass ihr in jedem Moment an meiner Seite seid. Wir sollten eine eigene Sitcom bekommen.

Meinem Manager Flo. Was wir schon alles zusammen realisiert haben, ist unglaublich. Diesen Weg sind wir zusammen gegangen!

Aber in erster Linie möchte ich dieses Buch euch widmen. Jedem Einzelnen, der mich auf meinem Weg begleitet, und so ein Stückchen zu meinem großen Puzzle beiträgt. Eure Liebe und eure Unterstützung bleibt niemals unbemerkt. Ich danke euch von Herzen für alles, was ihr mir gebt. Es kommt noch so viel auf uns zu und all das werden wir gemeinsam erleben.

Ohne euch würde es dieses Buch nicht geben.

*Eure Bella*

# HI, UND HERZLICH WILLKOMMEN ZU MEINEM...

## BUCH!

Ich freue mich so sehr, dass du genau jetzt *Contour & Confidence* in den Händen hältst und bin mega aufgeregt, wie mein Buch bei dir ankommen wird.

Aber warum habe ich das Buch ausgerechnet »Contour & Confidence« genannt? Dieses Buch enthält viel mehr als nur ein paar Tipps zum Thema Make-up. Es beschreibt meine Zeit als Auszubildende, meine ersten Schritte auf YouTube und wie ich es geschafft habe, mich selbst zu lieben – auch wenn das nicht immer so einfach ist.

Außerdem erzähle ich euch, wie man mit einer positiven Einstellung, Mut, Selbstvertrauen und dem Motto »Einfach machen« viel mehr erreichen kann, als man denkt.

Natürlich zeige ich euch auch ein paar meiner Lieblingslooks und habe all meine Tipps & Tricks in diesem Buch zusammengefasst.

Ich will euch auch erzählen, dass nicht immer alles so rosig und schön ist, wie es in der Instagram-Welt scheint. Ich gebe euch einen kleinen Blick hinter die Kulissen von YouTube und Co.

Viele denken ja, dass wir uns hinter Make-up verstecken wie hinter einer Maske. Für mich macht das überhaupt keinen Sinn. Wie soll man sich denn mit einem roten Lippenstift und »Smokey Eyes« verstecken? Make-up ist für mich Kunst und eine Art sich selbst auszudrücken. Wir sind wie Künstler, die auf einem Gesicht anstatt auf einer Leinwand malen.

Hope you enjoy! Fühl dich gedrückt!

*Deine Bella*

# Inhaltsverzeichnis

12      Kapitel 1: **WIE ALLES BEGANN**

24      Foundation Routine

42      Natural Glow

48      Kapitel 2: **VOM HOBBY ZUM BERUF**

76      Bellas Signature Look

82      Kapitel 3: **ERSTE SCHRITTE AUF YOUTUBE**

96      First Date

102      Kapitel 4: **RED CARPET MOMENTS**

110      Classic Beauty

118      Kapitel 5: **SCHÖNHEIT UND PFLEGE**

136      Nude Glam

146      Kapitel 6: **ERNÄHRUNG UND SPORT**

162      Cover Look

168      Kapitel 7: **MORE SELF-LOVE**

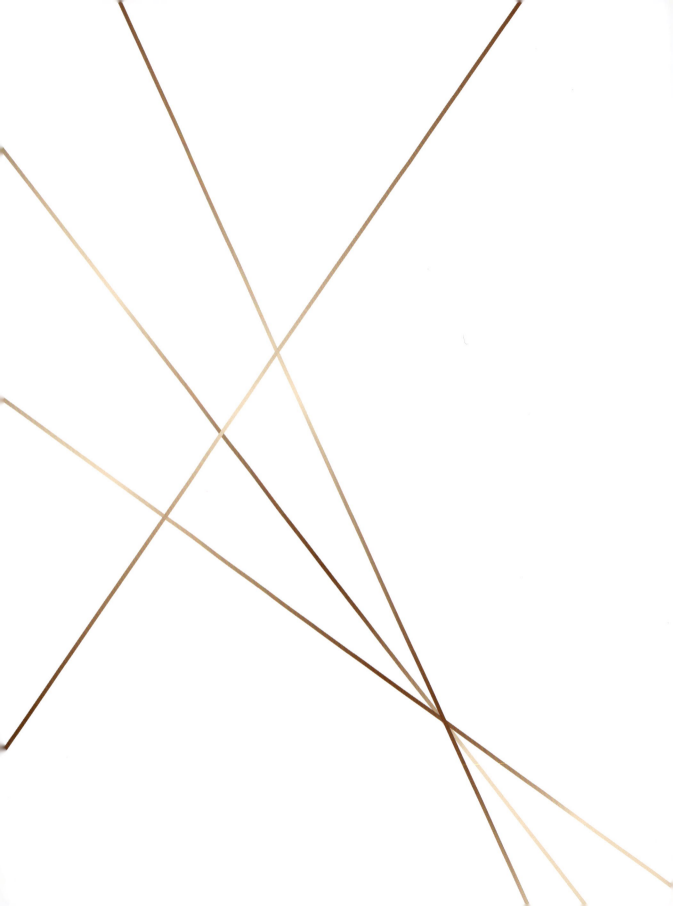

In order
to be irreplaceable,
one must be
always different.
COCO CHANEL

MRS. BELLA
CONTOUR & CONFIDENCE

# WIE ALLES
# BEGANN

# LOS GEHT'S ...

Ob Lippenstift, Lidschatten oder Wimperntusche: Irgendwann wurde ich neugierig, was Mama jeden Morgen im Bad macht. Und dann war es endlich so weit: Zum ersten Mal bekam ich die Gelegenheit, Make-up selbst auszuprobieren. Natürlich heimlich. Und danach immer und immer wieder.

Mein erster Traumberuf war Rennfahrerin. Da war ich noch ein kleines Mädchen, diese Begeisterung für schnelle Autos lag wohl an meinem roten Bobbycar, das ich so liebte. Allerdings, ich muss ungefähr neun Jahre alt gewesen sein, stellte sich meinem Berufsziel eines Tages ein Schminkkoffer in den Weg. Er war aus schwarzem Lackleder, hatte einen silberfarbenen Schnappverschluss, und vor allem gehörte er meiner Mama.

Wenn ich ihn heimlich öffnete, breitete sich vor mir eine gigantische neue Welt aus: Farben, mit denen man sich die Lippen, die Augen und das ganze Gesicht anmalen konnte. Und ich bediente mich. Sehr zum Ärger meiner Mutter. Von Anfang an stand ich auf Lippenstifte. Noch immer habe ich den Geruch in der Nase, wenn ich daran denke. Irgendwie pudrig und parfümiert. So richtig gut gefiel mir der Duft schon früher nicht, aber er erinnert mich total an die Zeit.

Statt im Nachhinein zu merken, dass ich mich dauernd heimlich an ihren Sachen vergriff – die nur halb zurückgedrehten Lippenstifte, auf die ich trotzdem die Deckel gequetscht hatte, und die leicht verschmierten Lidschattentiegel haben mich wohl doch verraten –, war es meiner Mama bald viel lieber, mich selbst zu schminken. Das hat sie super gerne gemacht und ich war von den Ergebnissen immer vollkommen fasziniert. Ich weiß noch genau, ich hatte damals sehr dunkle Augenbrauen, sehr buschig. Und meine Mutter war davon seltsamerweise begeistert, obwohl ich das furchtbar fand. Auf den Geschmack hat mich erst Jahre später der von Cara Delevingne ausgelöste Hype gebracht. Meine Mama bürstete die Härchen nach oben und außerdem hat sie mir, zu meinem Schrecken, die Brauen noch (!) dunkler geschminkt. Ehrlich, ich möchte echt nicht wissen, wie das aussah. Übrigens ist es mittlerweile genau umgekehrt: Heute schminke ich meine Mutter und gebe ihr Tipps.

# »Du hast doch schon wieder was von der Mama genommen!«

Ganz, ganz früh habe ich auch das Wunder entdeckt, das man Foundation nennt. Als Kind hatte ich bereits ein paar Probleme mit der Haut – leichte Neurodermitis. Daher kamen die roten Flecken auf meinen Wangen und unter den Augen. Die wollte ich unbedingt wegbekommen. Nachdem ich zum ersten Mal einen kleinen

Klecks aus der Tube mit der beigen Creme auf die Stellen getupft und dann mutig etwas großzügiger verteilt hatte – natürlich im Selbstversuch und wieder heimlich –, konnte ich es kaum fassen. Toll! Alles weg. Natürlich hätte mich meine Mutter niemals in dem Alter mit Make-up im Gesicht vor die Tür gelassen. Das alles diente eher zum Spaß für zu Hause und Karneval. Denn so richtig geschminkt habe ich mich erst mit 14.

Mehr und mehr packte mich die Faszination für Make-up. Wie anders ich aussah, wenn ich nur eine Winzigkeit Wimperntusche von meiner Mutter auftrug! Was für ein riesen Effekt, das hat mich absolut beeindruckt. Schon immer. Wenn meine Schwester, die ja ein bisschen älter ist als ich, meinte: »Du hast doch schon wieder was von der Mama genommen!«, habe ich es selbstverständlich geleugnet. Obwohl das natürlich offensichtlich war.

# BELLAS BEAUTY-LABOR

Auf die Experimente mit Mamas Schminke folgte automatisch der Tag, an dem ich zum ersten Mal nur mit Freundinnen in einem Drogeriemarkt herumstöberte. Alles testen, was geht. So oft es geht. Und bald danach entdeckte ich meinen ersten eigenen Beauty Hack.

**S**chon früh wollte ich schminktechnisch einfach alles ausprobieren, was mir in die Hände fiel. Und noch immer bin ich der Meinung: Wer sich für Kosmetik interessiert, sollte möglichst viel testen, sich vortasten und ruhig mutig sein. Das geht als Jugendliche mit schmalem Taschengeld zunächst am besten, wenn man ohne Mamas Augenrollen und mahnenden Blick mit Freundinnen in der Drogerie ist. Beim ersten Mal waren wir noch ein bisschen schüchtern bei den Testern, aber spätestens beim dritten Besuch: Vollgas.

Ein Erlebnis aus der Zeit ist mir besonders in Erinnerung geblieben: Alle meine Freundinnen und auch ich besaßen diesen Lipgloss, der den Lippen zu mehr Volumen verhelfen sollte. Und das wollten wir. Unbedingt. Also drauf mit dem Zeug. Dauernd drehten wir – mehr ist mehr – Runden mit dem Gloss über unsere Lippen. Das Ergebnis war wirklich krass. Man konnte sozusagen zusehen, wie unsere Lippen anschwollen. Gut, wer schön sein will, muss leiden. Manchmal. Denn was auch immer in diesem Lipgloss drin war, es brannte wahnsinnig. Doch das störte uns nicht. Im Gegenteil, wir liebten ihn. Wir gefielen uns, fanden den Effekt cool, dass die Lippen unnatürlich aufgeplustert waren. Einige Zeit später wurde der Lipgloss leider aus dem Sortiment genommen.

# Make-up Marke »Selbstausgedacht«

Der Wunsch, sich zurechtmachen zu wollen, wurde mit der Pubertät immer größer. Aber mit der Pubertät kamen auch die Pickel. Verrückt, tatsächlich kann man mit so einem kurzen Satz einen ganzen Kosmos von Problemen beschreiben. Wenn zum ersten Mal Pickel auftauchen, ist man erst mal völlig überfordert und tut alles, um sie wieder verschwinden zu lassen. Mit der unreinen Haut wurde das Thema Foundation für mich noch interessanter, weil Make-up ja auf einen Schlag die ungeliebten Pickel abdecken konnte. Und wieder probierte ich alles aus, was es gab. Aber nichts passte wirklich. Schließlich baute ich meine Kommode im Kinderzimmer zu so einer Art Labortisch um, auf dem ich Versuchsreihen mit eigenen Make-up-Mischungen unterschiedlicher Konsistenz durchführte. Die eine Foundation war mir nämlich zu deckend, die nächste zu natürlich und die dritte zu ölig. Aber ich kombinierte in meinem Labor zu Hause so lange, bis es endlich für mich richtig war. Das mache ich ja noch heute. Gefällt mir eine Farbe nur halb, mische ich sie mit einer anderen, bis sie für mich perfekt ist. Und das kann ich nur empfehlen.

Highlighter wie heute gab es damals allerdings noch nicht. Ich habe mir über diesen Effekt trotzdem schon früh extrem viele Gedanken gemacht. Weil ich gern viel Make-up benutzt habe, aber damals das Thema Contouring noch nicht so bekannt war, sah mein Gesicht eher aus wie eine einfarbige Leinwand. Ich musste also einen Weg finden, wie ich viel Foundation benutzen konnte, um Pickel oder Rötungen abzudecken. Gleichzeitig wollte ich aber mehr Natürlichkeit und Haut, die auch wie Haut aussah. Deshalb kam ich irgendwann auf die Idee, ein kleines bisschen vollkommen normaler Gesichtscreme auf den Nasenrücken zu tupfen, damit ein bisschen natürlicher Glanz da war. Und das hat super funktioniert. Mein eigener Highlighter, obwohl es zu der Zeit, glaube ich, noch nicht einmal den Begriff dafür gab. Deshalb: einfach alles ausprobieren. Mit der Marke »Selbstausgedacht« kommt man schon mal unheimlich weit.

# 10 TIPPS GEGEN PICKEL

1. Peeling: einmal wöchentlich ein Peeling machen. Die abgestorbenen Hautschüppchen können sich wie Dachziegel über die Haut legen und darunter können sich Bakterien sammeln. Man hat dadurch ein viel ebenmäßigeres Hautbild und Make-up lässt sich besser auftragen.

2. Maske: Nach einem Peeling einmal die Woche eine Maske benutzen, die eurem Hauttyp entspricht.

3. Teebaumöl und Cremes mit Zink wirken antibakteriell, entzündungshemmend und trocknen Pickel aus. Nicht großflächig auftragen sondern nur punktuell.

4. Finger aus dem Gesicht lassen. Auf euren Fingern befinden sich Bakterien, die die Unreinheiten im Gesicht fördern.

5. Pickel niemals mit bloßen Fingern ausdrücken. Wenn ihr es aber mal nicht lassen könnt, dann wascht erst eure Hände, verwendet dann ein Kosmetiktuch zum Ausdrücken. Nach dem Ausdrücken die Stelle desinfizieren.

6. Vergesst nicht, euer Handy regelmäßig zu desinfizieren. Darauf befinden sich angeblich mehr Bakterien als auf jeder öffentlichen Toilette. Verwendet ein Desinfektionstuch (bekommt ihr in der Drogerie).

7. Make-up-Pinsel und Schwämmchen spätestens nach dem dritten Benutzen mit einer antibakteriellen Seife säubern, sonst entstehen schnell Bakterien, die ihr immer wieder in euer Gesicht schmiert.

8. Sonne und frische Luft sind extrem wichtig für die Zellerneuerung der Haut. Wichtig: Lichtschutzfaktor nicht vergessen.

9. Verwendet ein separates Handtuch für euer Gesicht und wechselt es regelmäßig.

10. Wer zu Pickeln am Rücken neigt, sollte nach dem Haarewaschen immer noch mal ein Waschgel am Rücken benutzen. Shampoo- und Conditioner-Reste können die Entstehung von Pickeln begünstigen.

# MEIN ERSTES TUTORIAL

Als die ersten Digitalkameras auftauchten, fingen wir sofort an Videos zu drehen. Talkshows, Sketche, aber vor allem Videos, in denen meine besten Freundinnen zu Beauty-Models wurden.

**B**eim Nachdenken über meine Anfänge in Sachen Beauty tauchen immer wieder Erinnerungen auf, in denen ich in meinem Zimmer ganz allein vor mich hinbastelte, mir schon damals Looks ausdachte und einfach loslegte. Stunden verbrachte ich mit dem, was ich von meiner Mama abgestaubt hatte, und mit dem, was mein Taschengeld hergab, vor dem Spiegel und übte dies und das. Danach schminkte mich wieder ab und begann von vorne.

Manchmal fand ich in einer Zeitschrift meiner Mutter oder beim Friseur Fotos von Models, die so ein schönes Make-up trugen, dass ich es sofort nachschminken wollte. Allerdings war es ein bisschen schwierig, an Ideen für Mädels in meinem Alter zu kommen, weil ich selbst weder die BRAVO noch irgendwelche Mädchenzeitschriften lesen durfte. Meine Eltern waren einfach nicht allzu begeistert davon, was ich echt, na ja, schade fand. Ich bekam von ihnen nur »Bussi Bär« und Bücher.

Die BRAVO hab ich dann immer bei meinen besten Freundinnen gelesen. Von ihnen interessierte sich früher allerdings keine derart für Kosmetik wie ich. Und da ich mich ja damals schon so gerne mit Make-up beschäftigt habe, hatten wir uns ein Format überlegt, in dem ich meine Freundinnen schminkte. Also haben wir einen Zettel in die Kamera gehalten, auf dem der Name unserer Show stand: »Isis BEUTY-Lounge«. Erst viele Jahre später, als ich die Videos auf meiner alten Festplatte wie-

dergefunden habe, ist mir aufgefallen, dass »Beauty« komplett falsch geschrieben war! Wir drehten Videos, wie ich meine Freundinnen zurechtmachte, Smokey Eyes schminkte und alles genau erklärte, was ich tat. Zum Beispiel, dass man nach der Mascara die Wimpern noch einmal trennen muss. Und wir haben uns dabei totgelacht. Eine Freundin filmte, eine war das Model und ich war die Expertin, die die ganze Zeit redet, während sie arbeitet. Irgendwie hat es mich doch überrascht, dass ich vor der Kamera null unsicher war. Denn eigentlich empfand ich mich als echt still. Meine Mama sagt aber, dass das überhaupt nicht stimmt. Sie meint, schon wenn ich als kleines Mädchen in einen Raum mit Leuten kam, hätte ich den Clown gemacht und ziemlich aufgedreht, um alle zu unterhalten. Wahrscheinlich eine frühe Form von Moderationsvirus, der mich nach und nach so richtig infizierte.

Überhaupt, wie aus dem Nichts hatte plötzlich jede meiner Freundinnen eine Digitalkamera, denn Fotohandys gab es zu dieser Zeit noch nicht. Also schminkten wir uns und machten jede Menge Fotos. Wir trafen uns nachmittags bei mir oder irgendwo im Park und machten Fotoshootings. Apropos, mein erstes Handy bekam ich mit 14 Jahren. Ein

# Willkommen in »Isis Beuty-Lounge«

metallicblaues Klapphandy mit Farbdisplay!!! Ich habe mich dermaßen gefreut, dass ich glatt sofort geweint habe. Kein Geschenk der Welt hätte mich damals glücklicher machen können. Auch, weil ich in meinem Freundeskreis eine der Letzten war, die ein Handy bekommen hat. Mein ganzer Stolz war, dass dieses Telefon sogar eine eingebaute Kamera besaß. Wahnsinn! Und natürlich entstand gleich mein erstes Selfie.

Parallel zu den Fotosessions drehten meine Freundinnen und ich weiterhin lustige Videos. Zumindest fanden wir sie lustig. Mittlerweile hatte ich einen PC – ein riesiger Kasten in merkwürdigem Beigegrau –, an dessen Monitor man eine Webcam klemmen konnte. Also wurden jedes Mal, wenn wir uns bei mir trafen, Videos und Fotos mit dieser Kamera gemacht. Wenn Freundinnen bei mir übernachtet haben, haben wir manchmal die ganze Nacht nichts anderes gemacht als das. »Isis Beuty-Lounge« war nur eines unserer Formate, denn wir drehten auch Talkshows, die ich moderierte, und alberne Sketche.

Wenn wir uns das Ganze danach ansahen, haben wir uns weggelacht. Und schon damals haben wir die Videos am PC bearbeitet und auf YouTube hochgeladen. Vor allem aber merkte ich zu der Zeit immer mehr, dass ich neben meiner Leidenschaft für Make-up genauso viel Lust hatte, vor der Kamera zu stehen. Damals wusste ich nicht so recht, wie ich beides unter einen Hut bekommen sollte.

Und zu Weihnachten erfüllte sich ein gigantischer Wunsch: Ich bekam mein erstes Pinsel-Set. Ich weiß noch ganz genau, wie sich das angefühlt hat: pures Glück! Ich war so happy! Die Pinselstiele waren durchsichtig und darin schwamm silberner Glitzer. Mehr Begeisterung ging nicht, obwohl ich die Marke gar nicht kannte, von der die Pinsel waren. Meine Mama erklärte, dass das Set von einer besonders tollen Make-up-Marke wäre, die es bei uns noch gar nicht lange gibt. Und irgendwie, muss man heute sagen, hatte dieses Geschenk auch etwas von einem Orakel. Denn bei den Pinseln – die ich natürlich immer noch besitze – handelte es sich zufällig um die Weihnachtskollektion einer Marke, für die ich später einmal arbeiten würde.

# Positive vibes only!

MRS. BELLA
CONTOUR & CONFIDENCE

# FOUNDATION ROUTINE

# Meine Foundation Routine

Eine gute Foundation-Routine ist der Grundbaustein für jedes perfekte Make-up. Wenn Rötungen und Unebenheiten kaschiert werden, wirken jedes Augen-Make-up und jeder Lippenstift sauberer, intensiver und schöner. Das ist der wichtigste Part des gesamten Make-ups, denn zum Beispiel Flecken oder ein falscher Foundation-Farbton können irritieren und von dem restlichen schönen Make-up ablenken. Hier zeige ich euch meine Foundation-Routine.

# Before you start
## FÜR EIN LANGANHALTENDES MAKE-UP

- Um zu verhindern, dass die Haut über den Tag nachglänzt, ist es extrem wichtig, vorher eine Feuchtigkeitspflege zu benutzen. Viele denken, die Haut wird dadurch nur noch fettiger oder glänzt noch mehr nach. Aber ganz im Gegenteil! Die Haut fettet erst nach, wenn ihr sie vor dem Make-up nicht mit genügend Feuchtigkeit versorgt, da sonst die Talgproduktion angeregt wird, um die Haut geschmeidig zu halten.

- Wer möchte, kann nachdem die Gesichtscreme eingezogen ist, einen Primer verwenden, um die Haut noch ebenmäßiger zu machen.

- Wer zu einer öligen Haut neigt, kann die schnell nachglänzenden Stellen schon vor der Foundation leicht abpudern.

- Testet eure Foundation immer im natürlichen Tageslicht, so erkennt ihr am besten, ob sie zu eurer Hautfarbe passt.

- Solltet ihr gerne ein Make-up-Ei zum Auftragen eurer Foundation benutzen, dann achtet darauf, dass es nicht zu nass ist, und drückt es z.B. mit einem Handtuch gut aus. Ein nasser Blender verwischt eure Foundation nur und sorgt für Streifen.

## STEP 1

Nehmt mit dem Schwamm oder dem Pinsel eine kleine Menge Foundation auf und »klopft« sie leicht ein. Nehmt nicht sofort zu viel Produkt, da ihr es sonst nicht mehr schön verblendet bekommt. Weniger ist mehr! Um einen Make-up-Rand zu vermeiden, könnt ihr vor dem Spiegel ganz einfach ein Doppelkinn machen. Klingt lustig, aber erfüllt seinen Zweck. Danach die Foundation leicht in Richtung Hals verblenden. Nachdem ihr die Foundation aufgetragen habt, geht mit dem gleichen Pinsel über die Lippen, um eine neutrale Farbe zu bekommen. Falls ihr nämlich später einen knalligen Lippenstift auftragen wollt, verfälscht die eigene Lippenfarbe nicht die Farbe des Lippenstifts.

## STEP 2

Den Concealer tragt ihr unter den Augen und an den Stellen auf, die ihr etwas aufhellen möchtet.

## STEP 3

Verblendet alles mit dem leicht feuchten Make-up-Schwämmchen. Auch hier nicht wischen, sondern das Produkt nur leicht einklopfen.

## STEP 4

Nachdem alles gut verblendet ist, geht ihr noch mal mit dem Foundation-Pinsel über das Gesicht, damit Concealer und Foundation verschmelzen und keine Ränder entstehen.

## STEP 5

Mit dem noch feuchten Make-up-Schwämmchen tragt ihr ein Baking-Powder unter den Augen und an den Stellen auf, an denen ihr am schnellsten nachglänzt.

## STEP 6

Anschließend entfernt ihr das überschüssige Puder mit einem großen weichen Pinsel und geht mit demselben Pinsel über den Rest des Gesichts. Achtung: Wer zu trockener Haut neigt, sollte das Baking-Powder nur sehr kurz einwirken lassen. Wer mehr Deckkraft erzielen oder Rötungen abdecken möchte, kann zusätzlich mit einem deckenden Puder über die betroffenen Stellen gehen.

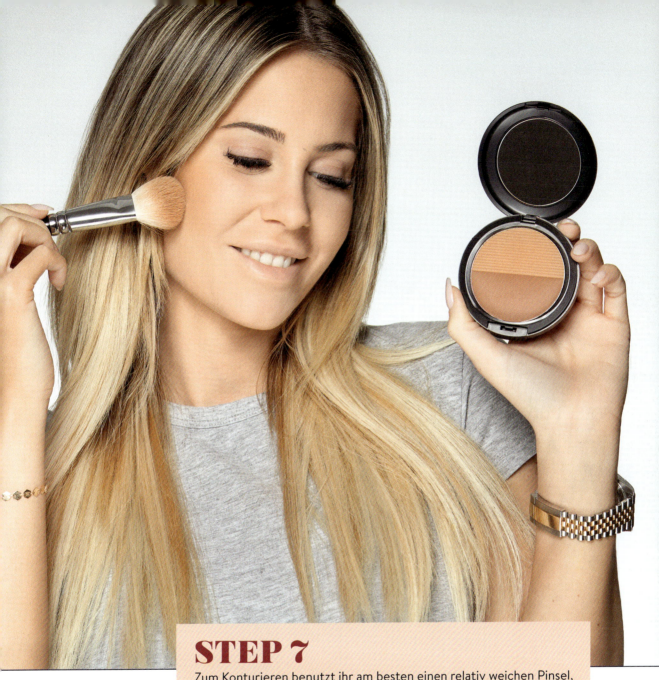

## STEP 7

Zum Konturieren benutzt ihr am besten einen relativ weichen Pinsel, um Flecken zu vermeiden. Nehmt lieber nur wenig Produkt und baut die Farbe unter euren Wangenknochen nach und nach auf. Für mehr Natürlichkeit könnt ihr das Contour-Powder oder den Bronzer auch leicht über euren Nasenrücken, das Kinn und auf die höchste Stelle der Stirn geben. An den Stellen, wo natürlicherweise die Sonne das Gesicht zuerst berühren würde.

## STEP 8

Wer die Wangenknochen noch stärker hervorheben möchte, geht mit Baking-Powder noch mal unter der Kontur entlang. Für ein präzises Ergebnis benutzt ihr am besten einen eckigen Schwamm. Das Ganze einen kurzen Moment einwirken lassen und danach das restliche Puder mit einem fluffigen Puderpinsel wegwischen.

## STEP 9

Um sicher zu gehen, dass das Make-up den ganzen Tag über hält, könnt ihr noch ein Fixing-Spray benutzen. Dazu das Spray aus ca. 30 cm Entfernung auf das Gesicht sprühen. Achtung: Fixing-Spray immer vor der Wimperntusche benutzen, um Panda-Eyes zu vermeiden. Das Puder, das noch auf der Haut aufliegt, rutscht so »eine Etage tiefer« und verschmilzt besser mit eurer Haut. So wirkt euer Make-up natürlicher und eure Haut sieht wieder mehr nach Haut aus.

## STEP 10

Für ein absolutes Flawless-Finish drückt ihr die flache Seite eures Make-up-Schwämmchens auf die noch feuchte Haut. Aber nur ganz, ganz leicht, um die Gesichtshärchen an die Haut zu »kleben«. Das Ergebnis: glatt und makellos. Solltet ihr vorher Highlighter benutzt haben, geht am besten als allerletztes über diese Stellen, um den Highlighter nicht im gesamten Gesicht zu verteilen.

# VORGLÜHEN

Ihr kennt das ja: Wenn man sich für eine Party fertigmacht, kann das dauern. Bei meinen Freunden und mir zog sich das aber auch deswegen hin, weil sich zig Leute in mein kleines Zimmer quetschten und die Mädels darauf warteten, geschminkt zu werden.

Mit 18 Jahren durften wir endlich auch in die Clubs zum Feiern. Gefeiert wurde natürlich schon vorher, allerdings waren das bisher immer Hauspartys. Wenn ich ehrlich bin, vermisse ich diese Hausparty-Zeit manchmal sehr. Als wir älter wurden, wollte plötzlich niemand mehr so viele Leute zu sich nach Hause einladen. Vielleicht lag es daran, dass man immer vernünftiger wurde und Angst hatte, dass irgendetwas kaputtgehen könnte. Also irgendwie hat man sich darüber gar keine Gedanken gemacht. In einem Punkt waren meine Eltern früher ganz schön streng: Vor meinem 18. Geburtstag musste ich immer vor zwölf Uhr nachts zu Hause sein. Das heißt, ich war immer die Erste, die gehen musste. Mein Vater holte mich jedes Mal vor Ort ab, damit ich bloß nicht nachts alleine mit dem Bus nach Hause fahre.

Doch egal, wie lang oder kurz der Abend dauern sollte, wir machten uns stundenlang dafür fertig. Jedes Detail war wichtig. Und natürlich vor allem das Make-up und die Haare. Gefühlt hatte damals jede von uns die gleiche Frisur: wasserstoffblonde Haare mit leichtem Orangestich und extremer Seitenscheitel mit Pony. Wenn ich heute Fotos davon sehe, finde ich es schrecklich, aber damals waren wir damit komplett im Trend. Make-up-technisch ging es darum, die Augen voll zu betonen, deshalb haben wir damals endlos viele Schichten Mascara aufgetragen, tuschen, trocknen lassen, tuschen, trocknen lassen – ich frag mich wie wir damals überhaupt noch die Augen aufbekommen haben. Und immer war sehr viel schwarzer Kajal im Spiel. Mittlerweile hatte ich mir einen richtigen Schminkplatz mit allem Drum und Dran eingerichtet – mein Taschengeld habe ich wirklich ausschließlich für Make-up und Klamotten ausgegeben und für nichts anderes. Da ich mich in meinem Freundeskreis mit alldem am besten auskannte, trafen wir uns grundsätzlich vor den Partys bei mir, denn unser Zuhause stand den Freunden von meiner Schwester und mir immer offen. Ich muss schon sagen, was das anging, waren meine Eltern echt entspannt. Denn an den Wochenenden konnte es locker passieren, dass sich zwanzig Leute in mein 12-qm-Zimmer quetschten und weitere Freunde draußen vor dem Fenster standen, weil drinnen kein Platz mehr war. Ungefähr zehn Mädels probierten meine Schminke aus, liehen sich meine Klamotten oder warteten nur darauf von mir geschminkt zu werden. R.I.P. an alle meine Kleidungsstücke, die nie wieder ihren Weg zu mir nach Hause gefunden haben. Wenn ich mir das jetzt vorstelle: echt verrückt! Alles auf engstem Raum. Da wir früher alle so ziemlich den gleichen Stil hatten und auf denselben Look standen, sahen wir, als wir endlich loszogen, alle relativ gleich aus.

# Immer schön der Reihe nach

Wenn wir feiern gingen, waren wir eigentlich immer als größere Gruppe von Mädchen und Jungs unterwegs. Ich hatte keinen kleinen Bekanntenkreis, ganz im Gegenteil! Es war nie langweilig und meine beiden besten Freundinnen und ich waren bei allem mittendrin. Wir waren wirklich ein Herz und eine Seele und haben uns fast jeden Tag gesehen. Aber mein Leben hatte zu der Zeit auch noch eine andere Seite.

# IN EINER PARALLELWELT

Wenn man plötzlich von anderen grundlos fertiggemacht wird, ist das erst mal ein Schock. Genauso ging es auch mir. Und egal, was ich versuchte, um jeden einzelnen Tag in der neuen Schule durchzustehen: Nichts half wirklich.

Sei einfach, wie du bist. Sei immer ehrlich. Und wenn Leute damit nicht klarkommen oder dich nicht mögen, dann scheiß drauf, ist doch egal. Du hast Freunde, und sollten neue dazukommen: super. Und falls es bei den Freunden bleibt, die du hast, bist du auch glücklich. – Das sind zwar nicht ganz genau die Worte meiner Eltern, aber mit dieser Einstellung bin ich aufgewachsen und immer gut gefahren. Bis ich nach der 9. Klasse die Schule wechselte.

Es fällt mir schwer, davon zu erzählen, weil diese Phase eigentlich überhaupt keinen Platz mehr in meinem Leben hat. Andererseits weiß ich, dass das Problem viele von euch betrifft und es manchmal leichter wird, wenn man das Gefühl hat, man ist nicht allein und dass andere das auch irgendwie überstanden haben.

In dieser neuen Schule wurde ich vom ersten Tag an fertiggemacht. Völlig ohne Sinn. Ich hatte nie irgendjemandem etwas getan, wie auch? Ich kannte diese »Mädels« aus meiner Parallelklasse gar nicht. Aber ich war halt die »Neue« auf der Schule und sie brauchten halt jemanden, irgendein Objekt, das sie unterdrücken konnten, was bei mir nicht so funktioniert hatte, wie sie es sich vorgestellt haben. Ich habe gerade bewusst Mädels in Anführungsstrichen geschrieben, weil – ganz ehrlich –, eigentlich waren das einfach nur asoziale Schläger-Weiber. Sie drohten mit purer Gewalt und waren in der Stadt bekannt dafür, auch mal zuzuschlagen, wenn ihnen irgendwas nicht passte. Ich versuchte, so gut es ging, sie zu ignorieren. Das war wirklich hart, aber ich dachte die ganze Zeit, wenn ich das Feuer nicht weiter entfache, wird das schon irgendwann aufhören. Außerdem verstand ich mich mit den Leuten in meiner eigenen Klasse super gut. Dass sie ihr Ziel, mich einzuschüchtern, anscheinend nicht erreichten, regte sie jedoch noch viel mehr auf. Und sie machten immer weiter. Ich glaube, sie dachten, es wäre nicht so schlimm für mich, weil ich mir nie etwas anmerken ließ. Irgendwann hatte ich keine Lust mehr, meinen Mund zu halten und wehrte mich ein bisschen. Auch das provozierte sie nur zum Weitermachen. Irgendwann half allerdings gar nichts mehr und ich wollte nicht mehr zur Schule gehen, weil ich schlicht Angst hatte.

Das Allerschlimmste aber war, dass ich mit niemandem darüber gesprochen habe. Heute weiß ich, das war ein Fehler. Damals jedoch redete ich weder mit meinen Eltern noch mit Freunden darüber. Ich wollte, dass sich niemand Sorgen macht, und die ganze Sache war mir mega peinlich. Denn ich konnte einfach nicht zugeben, dass mir das tatsächlich passierte. Die Schule kam mir auf einmal vor wie eine Parallelwelt. Einerseits war ich immer beliebt und hatte viele Freunde und andererseits waren da diese Mädels, die mich grundlos hassten. Im Nachhinein bin ich fest davon überzeugt: Mobber sind einfach im-

# Mobbing macht für niemanden Sinn!

mer Menschen, die mit sich selbst total im Unreinen sind und versuchen, sich durch Einschüchterung zu profilieren und Respekt zu erlangen, was charakterlich super schwach ist. Aber mich hat diese üble Erfahrung weitergebracht. Sie hat mir gezeigt, dass ich so etwas nie tun werde, da ich seither genau weiß, wie man sich in solch einer Situation fühlt.

Aufgehört hat das Ganze übrigens erst, kurz bevor ich wieder zurück auf meine alte Schule wechselte, um mein Abitur zu machen. Und da habe ich dann auch meinen Eltern davon erzählt. Nur mal so nebenbei das Thema angeschnitten, denn ich hatte schon längst damit abgeschlossen. Meine Eltern waren total geschockt, dass sie davon nie etwas mitbekommen hatten.

Einige Jahre später – mittlerweile war in meinem Leben schon einiges passiert und mit YouTube lief es schon sehr gut – kam in der Stadt plötzlich eine von diesen »Mädels« auf mich zu und wollte tatsächlich ein Foto mit mir machen. Ich war so geschockt, dass ich echt lachen musste und, ohne ein Wort zu sagen, das Foto mit ihr gemacht habe. Unglaublich, wie sich das Blatt so wenden kann, oder? Aber das ist auch eine Lehre, die ich aus der Mobbingsache gezogen habe: Man ist nicht schuld! Man wird meistens zufällig und komplett grundlos ausgewählt. Klar, man sollte schon schauen, ob es vielleicht doch einen Anlass gibt, warum die Leute so mit einem umgehen und merkwürdig reagieren. Aber wenn ihr sicher seid, dass es keinen Grund gibt, solltet ihr versuchen, euch keine Gedanken darüber zu machen, auch wenn das leichter gesagt als getan ist. Und wenn ihr den Mut aufbringt, dann sprecht eure Mobber an, konfrontiert sie und fragt sie, was sie eigentlich gegen euch haben. Kommt darauf keine sinnvolle Antwort, wisst ihr, dass ihr an der Situation keine Schuld habt.

Auf alle Fälle könnt ihr euch an eurer Familie, die hoffentlich immer hinter euch steht, und an den Menschen festhalten, die euch lieben. Selbst wenn man nur einen einzigen Freund hat, ist der wertvoller als zehn oder zwanzig Leute, die einem keinen echten Halt geben.

Und: Egal, wie schlimm die Situation ist, sprecht über das, was euch belastet. Öffnet euch, auch wenn das vielleicht zuerst unangenehm ist. So etwas sollte niemand mit sich allein ausmachen.

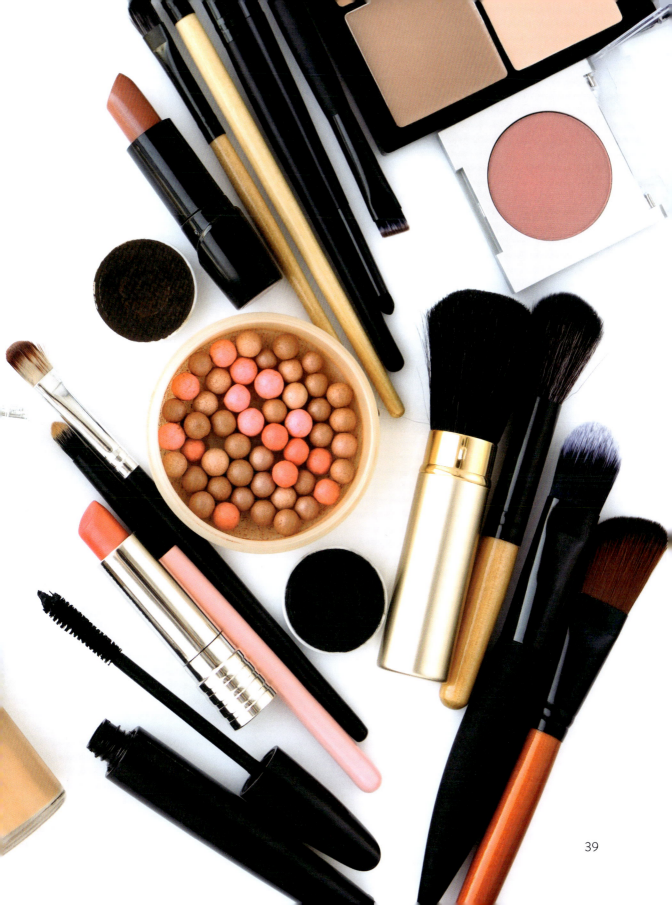

# You ain't gotta like me, I like me.

KANYE WEST

MRS. BELLA
CONTOUR & CONFIDENCE

# Natural Glow

# Natural Glow

Wie schon erwähnt, bevor ihr Make-up auftragt, ist es sehr wichtig, die Haut richtig vorzubereiten. Die Feuchtigkeitspflege ist dafür da, eure Haut über den ganzen Tag mit ausreichend Feuchtigkeit zu versorgen. Trocknet die Haut nicht aus, glänzt sie auch nicht so schnell nach. Wer einen »glowy« Look möchte, kann zum Beispiel vor der Foundation einen Primer mit Schimmerpartikeln/Glow-Effekt nutzen. Alternativ könnt ihr auch einen flüssigen Highlighter sofort in eure Foundation mischen. Achtet darauf, dass die Foundation nicht zu deckend ist, um ein natürliches Finish zu erhalten. Einzelne Rötungen könnt ihr danach noch mit einem Concealer abdecken. Verzichtet, soweit es geht, auf Puderprodukte, um den natürlichen Glanz zu behalten.

## Tipps
### FÜR EIN NATÜRLICHES »GLOWY« FINISH

- In Primer mit Glow-Effekt sind kleine Schimmerpartikel enthalten, die das Licht auffangen und reflektieren. Das sorgt für einen frischen, strahlenden Teint.

- Verzichtet komplett auf Lidschatten. Lieber ein bisschen Highlighter auf das bewegliche Lid und unter der Augenbraue auftragen.

- Lasst ebenfalls den Augenbrauenstift oder das Puder weg, um eure Augenbrauen natürlicher aussehen zu lassen.

- Für einen besonders natürlichen Look: Die Wimpern (mit oder ohne Lash-Extensions) mit einer fast leeren Mascara tuschen.

## STEP 1

Zuerst tragt ihr mit einem feuchten Make-up-Ei eine leichte Foundation oder eine BB-Cream auf eure Haut auf. Startet von der Mitte des Gesichts und verblendet das Produkt leicht nach außen, um einen Make-up-Rand zu vermeiden. Pickel und Rötungen könnt ihr vereinzelt mit einem stärkeren Concealer abdecken.

## STEP 2

Mit einem Pinsel könnt ihr am besten Creme-Rouge oder eine Creme-Contour auftragen. Achtung: Nehmt immer nur wenig und baut es nach und nach auf, um Flecken zu vermeiden. Wer sein Gesicht trotzdem abpudern möchte, nimmt am besten ein transparentes Puder, damit es nicht unnatürlich wirkt. Oder wer noch mehr Deckkraft haben möchte, nimmt statt einem gepressten Puder besser ein gebackenes Puder/Mineral Puder, weil das auf der Haut »fluffiger« wirkt.

## STEP 3

Als Highlighter empfehle ich euch ebenfalls ein cremiges Produkt zu benutzen, welches ihr am besten mit einem Finger auftragt. Die eigene Körperwärme trägt dazu bei, dass das Produkt auf diese Weise mit der Haut verschmilzt.

## STEP 4

Für die Augenbrauen könnt ihr ein leicht getöntes Gel verwenden, um eventuelle Lücken aufzufüllen. Die Lidfalte könnt ihr ganz leicht mit einem relativ hellen Bronzer vertiefen, um danach mit einem Highlighter von der Mitte des Augenlids bis hoch zur Augenbraue zu gehen. Hierfür empfehle ich euch wieder, das Produkt mit dem Finger aufzutragen. Um die Augen noch offener und strahlender aussehen zu lassen, könnt ihr einen beigefarbenen Kajal auf die untere Wasserlinie auftragen. Tipp: Wenn ich einen sehr natürlichen Look schminken möchte, benutze ich für meine Wimpern eine fast leere Mascara. So sehen die Wimpern beinahe ungeschminkt aus.

## STEP 5

Tragt auf die Lippen und den Lippenbogen eine Lippenpflege auf, um den »glowy« Look perfekt abzurunden.

# VOM HOBBY
## ZUM BERUF

# VOR DER KAMERA ODER DAHINTER?

Wenn man genau weiß, was man will, sollte man alles versuchen, damit sich die eigenen Wünsche erfüllen. Das gilt auch für den späteren Job, von dem man vielleicht zunächst nur träumt.

Mir war schon lange klar, dass ich beruflich etwas mit Styling und Make-up machen wollte. Genauso wünschte ich mir aber, vor der Kamera zu stehen. Und deshalb bin ich bereits zu Schulzeiten zu kleinen Modelcastings für TV-Werbung oder für Modekataloge gegangen. Ich wusste gar nicht genau, ob es das war, was ich wollte, aber irgendwie hatte ich Lust, auch vor der Kamera zu stehen. Leider hat nie eine Agentur spontan gerufen: »Hey, das ist unser neues Katalogmodel!« Meine Mama ist mit mir bestimmt zu vier Castings gefahren, aber leider ist dabei nie was rumgekommen. Besonders gestört hat mich das trotzdem nicht, denn in dem Alter hat man ja schließlich noch ganz andere Sachen im Kopf.

Dann kam die Zeit, in der man sich für ein Schülerpraktikum bewerben sollte, das war in der 9. Klasse. Da versuchte ich beispielsweise, in der Maskenbildnerei am Theater in unserer Stadt einen Praktikumsplatz zu bekommen. Leider erfolglos. Und ich habe sogar bei einigen großen Fernsehsendern angerufen und gefragt, ob sie Praktikanten bräuchten. VIVA und MTV waren damals ein riesen Ding, und ich hätte mir vorstellen können, dort zu arbeiten. Also habe ich mich informiert und nach Castings in meiner Nähe gesucht. Doch auch dort ergab sich nichts. Die Vorstellung, Moderatorin zu werden fand ich cool. Da ahnte ich noch nicht, dass sich dieser Wunsch in ein paar Jahren erfüllen sollte.

Ich weiß noch, als wir in der Schule einen Termin mit der »Agentur für Arbeit« hatten, und wir alle einen Test machen mussten, welcher Job denn wohl am besten zu einem passt. Keine Ahnung, wer oder welches Programm meine Antworten ausgewertet hat, aber bei mir kam komischerweise Konditorin raus! Daraufhin dachte ich, okay, Probieren geht über Studieren, und machte dann ein dreiwöchiges Praktikum in einer Konditorei. Ich habe es mal versucht, weil ich schon damals fand, man sollte alles ausprobieren, vielleicht wird man ja überrascht. Doch Konditorin war im Endeffekt leider doch nichts für mich. Geschmeckt hat es mir allerdings sehr gut, denn das einzige Fazit, was ich aus diesem Praktikum ziehen konnte, waren fünf Kilo mehr auf der Waage.

# »Bella, das geht nicht!« Doch.

Und was blieb, war mein absoluter Traum. Ich wollte auf jeden Fall etwas mit Make-up *und* vor einer Kamera machen. Je länger ich darüber nachdachte, desto realer wurde die Vorstellung. Aber meine Mutter meinte. »Als Make-up Artist stehst du *hinter* der Kamera, du kannst nicht *vor* der Kamera stehen, das geht nicht!« Doch! – Ich war total überzeugt, irgendwie musste das funktionieren. 2006 kam die erste Staffel »Germany's Next Topmodel«, da war ich gerade mal 13. Und da war er: Boris Entrup, ein Make-up Artist *vor* der Kamera! Ich fühlte mich bestätigt. Geht *doch!* – Heute habe ich schon viele Male mit Boris Entrup zusammengearbeitet, und er war schon des Öfteren Gast in meiner eigenen Talkshow, mit der sich tatsächlich auch mein zweiter Berufswunsch erfüllte: Moderatorin.

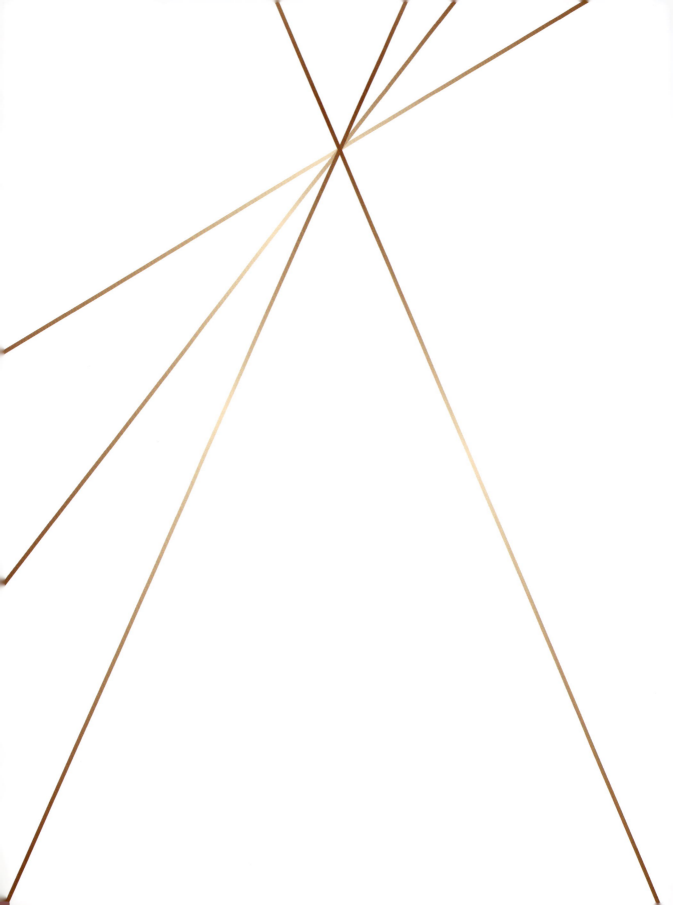

# Alles, wozu man keine Lust hat, ist Arbeit. Alles, wozu man Lust hat, ist Beruf.

KARL LAGERFELD

MRS. BELLA
CONTOUR & CONFIDENCE

Ich war so fest von meinem Traum überzeugt, dass er sich einfach nur realisieren konnte. Ich glaube, wenn man sich etwas so sehr wünscht und sich vorstellt, es wäre quasi schon Realität – dann funktioniert das auch. Nicht von selbst, natürlich habe ich lange auf mein Ziel hingearbeitet. Und das in jeglicher Form, außerdem gehört immer eine riesen Portion Glück dazu, aber ich habe es geschafft. Ich kann mir für mich keinen besseren Beruf vorstellen, als Make-up Artist vor der Kamera zu sein. Manchmal kann ich es zwar selbst nicht fassen, aber ich mache heute genau das, was ich mir immer gewünscht habe. Und das könnt ihr auch. Falls ihr gerade auf der Suche nach eurem Traumberuf seid: Glaubt daran, alles ist möglich!

# START IN DEN JOB

Weil ich genau wusste, wohin es beruflich gehen sollte, war mir schnell klar, dass ich einen Beruf von Grund auf lernen wollte: Friseurin, um mich später innerhalb der Ausbildung als Visagistin zu spezialisieren. Das wissen ja die meisten von euch. Was ihr vielleicht nicht wisst: Der Friseurberuf ist ein echter Knochenjob.

Ich war 18 und nach der elften Klasse von der Schule abgegangen. Das war mit die beste Entscheidung meines Lebens. Ich will überhaupt nicht sagen, dass das für alle gilt. Denn auf jeden Fall solltet ihr euch auf die Schule konzentrieren, bis ihr wirklich wisst, was ihr beruflich machen wollt. Doch ich habe irgendwann einfach gewusst, dass ich für das, was ich vorhatte, kein Abitur brauchen würde. Und ich wollte so schnell wie möglich loslegen. Meine Entscheidung habe ich aus dem Bauch heraus getroffen, aber dieses Bauchgefühl hat mich noch nie im Stich gelassen. Und glücklicherweise haben mich meine Familie und Freunde unterstützt. Meine Eltern haben mich zum Beispiel nicht gezwungen, doch noch das Abitur zu machen. Natürlich waren sie nicht gerade begeistert und hätten sich gewünscht, dass ich wie meine Schwester das Abi machte. Doch im Endeffekt wussten sie genauso gut wie ich, was für eine klare Vorstellung ich von meinem späteren Beruf hatte.

Also bin ich an irgendeinem Tag im August losgegangen und habe persönlich in Friseursalons nachgefragt, ob sie mir eine Ausbildungsstelle anbieten können. Wichtig war vor allem, dass mir

der Laden gefiel, und dass er in der Nähe war, damit ich morgens gut hinkomme, weil ich damals noch kein Auto hatte. Ich bin einfach reinspaziert und habe gefragt, ob sie noch einen Azubi suchen. Meine zukünftige Chefin schaute mich mit großen Augen an und sagte: »Bist du ein Engel? Dich schickt der Himmel!«, weil sie zu diesem Zeitpunkt noch keinen Azubi hatte und ein paar Wochen später schon das erste Ausbildungsjahr anfing. Ich dachte mir dabei nur: »Oh je, das werden wir ja noch sehen.« Also hieß es dann: »Okay, du kannst an den kommenden zwei Samstagen Probe arbeiten, um zu sehen, ob das überhaupt etwas für dich ist.« Und das habe ich dann gemacht. Obwohl ich natürlich nicht viel mehr machen durfte, als den Kunden Kaffee zu bringen und den Friseuralltag zu beobachten, unterschrieb ich danach sofort meinen Ausbildungsvertrag, und nur vier Wochen später ging es auch schon los.

# »Dich schickt der Himmel!«

Am Anfang habe ich nur Kleinkram erledigt, viel saubergemacht und viel, viel Kaffee serviert. Natürlich sollte das nicht der Hauptbestandteil einer Ausbildung sein (und das war es bei mir auch nicht!), aber ich finde, auch solche Aufgaben bringen einen weiter. Zu einer Ausbildung gehören eben nicht nur Tätigkeiten, die einem Spaß machen. Oder wie mein Opa immer sagte: »Lehrjahre sind keine Herrenjahre!«, obwohl mir der Spruch manchmal echt zu den Ohren raushing. Opa hatte einfach Recht. Genauso gehört eine Chefin dazu, die einem während der Ausbildung sagt, was man zu tun hat. Und dazu gehört wiederum: Zugucken. Gerade in einem Job, in dem es um Styling geht, lernt man unglaublich viel beim Zusehen und Abgucken.

Für einige von euch klingt es vielleicht ganz langweilig, aber für mich war es das Beste, mich für einen Salon entschieden zu haben, in dem noch richtig viele der alten Techniken gefordert waren. Die Stammkundinnen kamen jede Woche zum »Waschen und Legen«. Also machte ich gefühlt manchmal den ganzen Tag nichts anderes, als Dauerwellen zu legen und Lockenwickler einzudrehen. Denn das wurde schließlich auch in der praktischen Prüfung verlangt. Deshalb war ich ein paar Leuten in meinem Jahrgang echt voraus, die in moderneren Ausbildungsbetrieben lernten, in denen eher weniger klassische Frisuren gewünscht waren. Doch in der Friseurbranche braucht man Grundlagen und Können, auf denen man aufbauen kann. So dass man nach der Ausbildung, wenn man alles draufhat, gut sagen kann: »Hey, jetzt möchte ich in einem moderneren Salon arbeiten.«

## Kaffee bringen und Besen schwingen

Meine Chefin, die selbst mit 14 ihre Lehre zur Friseurin angefangen hatte, besaß zu meiner Zeit schon seit über 30 Jahren ihren eigenen Laden. Sie hatte also unendlich viel Erfahrung. Für mich war das perfekt – auch ihre strenge Art. Andererseits, muss ich ehrlich sagen, hat sie mir auch außerhalb meiner Ausbildung viel weitergeholfen. Wenn im Salon mal ausnahmsweise nicht jede Menge zu tun war, durfte ich zum Beispiel für den Führerschein lernen und sogar während der Arbeitszeit Fahrstunden absolvieren. Im Ernst, ohne meine Chefin damals hätte ich wahrscheinlich immer noch keinen Führerschein. In der Hinsicht war ich unheimlich faul und habe allein fast ein Jahr für die Theorie gebraucht. Aber, na ja, sie hatte ja ein bisschen was davon. Denn als kleiner Service für Stammkunden war es nämlich üblich, dass einige ältere Kundinnen, die in der Nähe wohnten, von uns nach Hause gefahren wurden, damit sie nicht mit dem Bus fahren mussten. Als ich dann endlich meinen Führerschein hatte, konnte auch ich mal den Fahrservice übernehmen.

Alle meine Freunde machten zu der Zeit das Abitur, ich war die Einzige, die in der Ausbildung steckte und samstags arbeiten musste, was für mich eine echte Katastrophe war. Denn damals fanden freitags immer Hauspartys statt, zu denen alle gingen. Ich aber musste leider jeden Samstagmorgen um halb acht im Laden erscheinen. Da kam es dann auch mal vor, dass ich die Nacht durchgemacht hatte und am nächsten Morgen total übermüdet im Salon stand.

Ich kann mich noch genau an einen Samstag zur Osterzeit erinnern. Für unsere Kundinnen gab es da passenderweise immer Eierlikör. Und die älteren Kundinnen liebten es! An diesem Tag war ich von der Nacht zuvor allerdings noch etwas angeschlagen und habe satte sechs Eierlikörgläser fallen gelassen, die selbstverständlich alle dabei zu Bruch gegangen sind. Ganz nebenbei bemerkte ich übrigens: Ein Job als Kellnerin wäre wohl absolut nichts für mich. Meine Chefin war davon natürlich alles andere als begeistert, denn diese kleinen Likörgläser mit feinem Goldrand, in denen wir im Salon den Eierlikör servierten, waren quasi antik, und man konnte sie nicht einfach irgendwo nachkaufen. Also wurde ich dazu verdonnert, an einem Sonntagmorgen auf dem Flohmarkt ähnliche Gläser zu besorgen. Damit unsere Kundinnen auch in Zukunft ihren Likör genießen konnten.

# Friseure sind unterbezahlte Psychologen

Wenn ich heute an die Zeit zurückdenke, habe ich sofort den Trubel im Salon vor Augen, und den typischen Friseurgeruch in der Nase. Es gingen jeden Tag so viele Leute ein und aus. Während der Arbeit unterhält man sich natürlich mit den Kunden und man bekommt unfassbar viel zu hören. Es heißt ja, Friseure sind eigentlich unterbezahlte Psychologen – das kann ich nur bestätigen. Man kommt Menschen so nah,

wie sonst kaum jemand. Wann lässt man sich schon sonst von einer wildfremden Person an den Kopf fassen? Aber beim Friseur ist das vollkommen normal. Friseure müssen sich auf jeden Kunden einzeln einstellen, nicht nur, was die Frisur oder das Make-up betrifft. Denn die Kunden vertrauen uns, und in der Stimmung erzählen sie einfach drauflos und dabei auch viel Privates. Ich habe immer wieder Storys von Kunden gehört, die mich total umgehauen haben. Und über die ich teilweise noch lange Zeit nachgedacht habe.

# Die Ausbildung hat mich weitergebracht

Natürlich hatte ich nicht immer Bock, zehn Stunden am Tag im Friseursalon zu stehen – wer hat das schon? –, doch insgesamt hat mir das alles mega Spaß gemacht. Und ich muss sagen, dass mich diese Ausbildung in meinem Leben bis jetzt am meisten weitergebracht hat. Ich sah mich zwar nicht mit 40 noch im Friseursalon stehen, aber ich wusste, das ist wichtig für den Weg, den ich gehen wollte. Deswegen habe ich innerhalb der Ausbildung den Hauptfokus auf Visagistik gelegt und außerdem externe Kurse belegt, die mir meine Chefin sogar bezahlt hat. Denn beispielsweise waren bei uns im Salon super viele Hochsteckfrisuren für Bräute gefragt, zu denen ich dann das passende Hochzeits-Make-up schminkte.

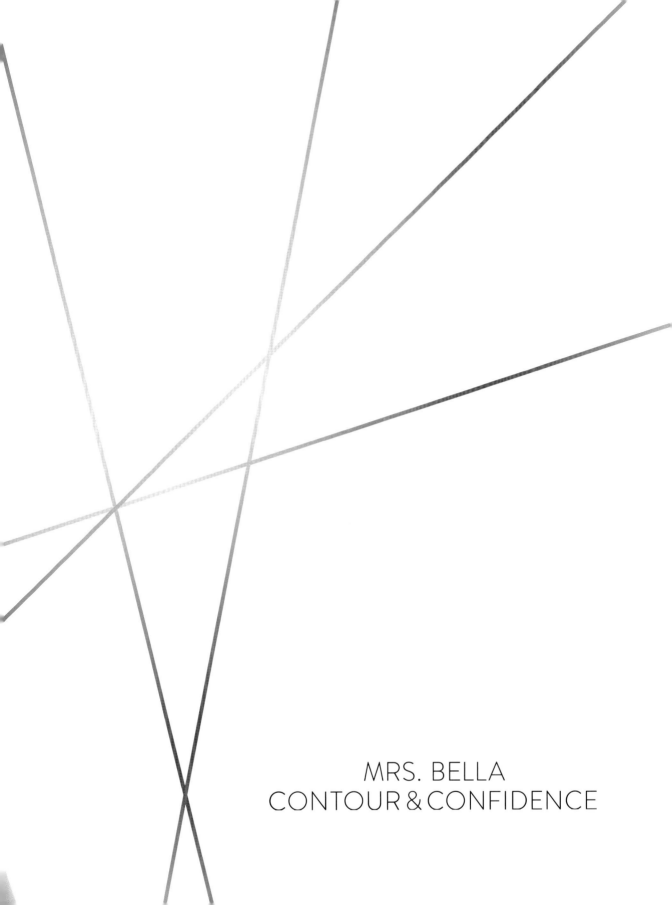
MRS. BELLA
CONTOUR & CONFIDENCE

Nach zweieinhalb Jahren hielt ich schließlich meinen Gesellenbrief in der Hand. Man, war ich froh, es geschafft zu haben! Mit der Ausbildung in der Tasche fühlte ich mich sicher. Denn der Friseurberuf stirbt niemals aus. Und ich wusste, egal, was ab sofort in meinem Leben passiert, ich besaß etwas, mit dem ich immer weitermachen konnte.

Wie dem auch sei, wenn man eine Ausbildung beginnt, ist es natürlich schön, gleich zu erkennen: Geil, das werde ich mein Leben lang machen. Aber das ist natürlich nicht immer der Fall. Ich würde trotzdem allen, die mal einen Durchhänger haben, empfehlen, die Ausbildung dennoch durchzuziehen, statt alles abzubrechen. Eine Ausbildung ist nicht immer leicht, doch wenn man es gepackt hat, ist man am Ende umso glücklicher.

Wegen des Geldes lassen sich ja viele von handwerklichen Berufen wie zum Beispiel Friseur/-in abschrecken. Weil sie denken, dass man im Normalfall nicht reich damit wird. Außer man schafft es vielleicht, Promifriseur zu werden. Mir war allerdings immer wichtiger, dass ich morgens, wenn ich aufwachte, nicht dachte: »Oh nein, jetzt musst du da schon wieder hin.« Und bei der Arbeit nicht die Minuten und Stunden gezählt

habe, bis ich endlich wieder nach Hause durfte. Für mich wäre das der größte Horror gewesen! Kein Geld der Welt ist es wert, sich unglücklich zu fühlen.

Heute bin ich bin stolz darauf, dass ich es gegen alle Vorurteile geschafft habe. Ich finde nämlich, der Friseurberuf hat ein teilweise negatives Image in der Gesellschaft, was ich total schade finde. Jeder Mensch braucht einen Friseur. Dieser Beruf kann niemals von einer Maschine ersetzt werden. Außerdem leisten Friseure einen knochenharten Fulltime-Job. Und das sollte viel mehr geschätzt werden.

Zum ersten Tag meiner Ausbildung hat meine Mama mir übrigens eine Karte geschrieben, mit der sie mir viel Glück gewünscht hat. Und da stand groß ein Spruch von mir, an den sie sich erinnerte. Weil ich schon als Kind immer gesagt habe: »Ich möchte Leute schön machen!«

An dieser Stelle übrigens ein Shoutout an meine ehemalige Chefin, die mittlerweile im wohlverdienten Ruhestand ist! Sie haben alles richtig gemacht!

# KLEINE PANNEN

Während meiner Ausbildung ist natürlich nicht immer alles so glatt gelaufen – schließlich lernt man ja noch.

Zum Beispiel habe ich mal einer Kundin aus Versehen ins Ohr geschnitten. Sie hatte grauweiße Haare, und ich habe ihr ein paar schöne hellrote Strähnchen mit ihrem Blut ins Haar gezaubert, weil ich zuerst gar nicht gecheckt hatte, was geschehen war. Später war sie übrigens eine Stammkundin von mir, die jede Woche kam, um sich von mir die Haare machen zu lassen.

Dann habe ich mal bei einer Kundin die Kontrolle über den Wasserschlauch verloren und somit das Wasser übers ganze Gesicht laufen lassen.

Und die Krönung: Bei einer Kundin habe ich eine Dauerwelle komplett versaut. Mein Fehler war, dieses chemische Zeug zu früh vom Kopf abzuwaschen. Die arme Frau! Meine Chefin hätte mich damals wahrscheinlich am allerliebsten umgebracht.

# EINFACH MACHEN!

Direkt nach der Ausbildung überlegte ich, wie ich meinem Ziel, Make-up Artist vor der Kamera zu werden, weiterhin näherkommen konnte. Deshalb ging ich erst mal auf die Suche nach einem Job als Visagistin.

Natürlich wollte ich gleich nach der Ausbildung tiefer in den Bereich Make-up einsteigen. Denn egal wo, egal wann, selbst wenn ich zum Beispiel in einem Café oder im Bus vollkommen fremde Leute angeschaut habe, dachte ich sofort daran, was die Person aus sich machen könnte, wenn sie sich nur ein bisschen schminken oder den Haarschnitt verändern würde. Wie man mit ein wenig Schminke die Schönheit noch mehr herausholen kann, fand ich eben schon immer beeindruckend.

Also bin ich an irgendeinem Nachmittag mal wieder losgezogen, um persönlich nachzufragen, ob es eine Stelle für mich gibt. Und eigentlich hatte ich nur eine einzige Marke im Blick, für die ich gerne arbeiten wollte. Ich fand die Marke, ihre Produkte und den Style, den sie verkörpert, extrem toll. Irgendwie hatte ich das Gefühl, wenn man dort arbeitet, hat man es geschafft. Die Mädels im Shop, die mich beraten haben, als ich früher selbst noch Kundin war, hatte ich immer sehr bewundert.

Deswegen bin ich einfach in den Laden spaziert und habe gefragt, ob sie vielleicht Praktikumsplätze vergeben. Weil ich dort schon oft eingekauft hatte, kannte ich natürlich die Gesichter und den Shop in- und auswendig. Die Storemanagerin meinte: »Du kannst gerne eine klassische Bewerbung schicken, und wir werden uns dann bei dir melden.« Das machte ich und ein paar Tage später bekam ich telefonisch die positive Zusage: »Okay, wenn du möchtest, kannst du dir ein Model suchen und zum Vorschminken in den Store kommen.« Da meine Cousine schon einmal Model bei meiner Gesellenprüfung gestanden hatte, denn dort hatte ich ja im Hauptteil Visagistik gewählt, wusste ich deswegen ganz genau, was ich bei ihr schminken konnte, und rief sie gleich an. Zum Glück hatte sie Zeit, so dass wir zum verabredeten Termin in der folgenden Woche im Laden auftauchten. Von der Storemanagerin bekam ich den Auftrag: »Bitte schmink eine schöne, makellose Haut, dazu knallrote matte Lippen und ein leichtes Augen-Make-up mit einem schwarzen Lidstrich.« Wow, direkt einen Wing-Eyeliner! Die absolute Königsdisziplin!

# Nun wurde meine Arbeit von absoluten Make-up-Profis beurteilt

Da musste ich erstmal schlucken, denn natürlich hatte ich so einen Look schon mal geschminkt, aber an die Perfektion der Mädels, die dort arbeiteten, kam ich safe nicht ran, dachte ich. Gerade Liquid Eyeliner und matter, roter Lippenstift sind extrem schwierig. Und damit das Ganze gut aussieht, muss präzise gearbeitet werden. Wenn man wie ich in dieser Situation aufgeregt ist und unter extremem Druck steht, macht das die Sache nicht gerade leichter. Trotzdem wollte ich ein perfektes Ergebnis abliefern. Was allein schon deshalb unmöglich war, weil mir damals noch die nötige Erfahrung fehlte.

Doch der Druck wurde noch größer, als die Storemanagerin hinzufügte: »Du hast 30 Minuten Zeit für den Look.« Daraufhin suchte ich mir alle Produkte aus dem Store zusammen, die ich dafür brauchte, und schminkte im ganz normalen Betrieb an einem der Schminkplätze im hinteren Ladenbereich meine Cousine. Ich war sehr, sehr nervös. Klar, meine Cousine und viele andere hatte ich gefühlt schon tausendmal geschminkt. Aber jetzt fühlte sich die Lage anders an, auch anders als bei meiner Gesellenprüfung. Denn nun wurde meine Arbeit von absoluten Make-up-Profis beurteilt.

Nach einer halben Stunde erschien die Storemanagerin und betrachtete meine Arbeit – Schweigen – dann sagte sie: »Super, alles klar, wir werden uns bei dir melden.«

Auf dem Heimweg dachte ich nur: »Okay, das war's dann wohl jetzt«, da sie absolut keinen Kommentar zu dem Make-up-Look machte. Doch direkt am nächsten Tag rief sie an: »Hey, wenn du Lust hast, würden wir dir gerne ein 3-monatiges Praktikum anbieten.«

Später erzählte sie mir, dass man sich beim Vorschminken gar nicht so große Sorgen machen muss. Dabei wird nur geschaut, ob überhaupt Talent vorhanden oder ob man ein hoffnungsloser Fall ist. Es geht bloß darum, zu erkennen, wer Potential zum Make-up Artist hat und wer nicht.

Ich denke, das Wichtigste ist: einfach machen! Traut euch! Wenn ihr einen Laden cool findet und euch vorstellen könntet dort zu arbeiten, geht einfach hin und stellt euch vor. Dann hat man sofort einen persönlichen Eindruck von euch und ein Gesicht vor Augen. Ich denke, so bleibt man eher in den Köpfen der Arbeitgeber, weil, ganz ehrlich: Was

# Ich war so stolz darauf, dort zu arbeiten

hat man denn zu verlieren? Natürlich muss man sich etwas überwinden, denn wer riskiert schon gern eine Abfuhr! Doch wenn man bei einer Bewerbung richtig gut vorbereitet ist, hat eine Absage wirklich gar nichts mit einem persönlich zu tun. Redet euch das nicht ein! Sagt euch lieber: Sollte es bei der einen Adresse nicht klappen, dann versuche ich es eben bei der nächsten. Die Suche ist nie ausweglos, es gibt immer eine Lösung und noch viele andere Möglichkeiten.

Während des Praktikums habe ich fünf Tage die Woche gearbeitet. Am ersten Tag bekam ich ein Heft, in dem alles über die verschiedenen Produkte der Marke und über unterschiedliche Hauttypen stand. Das alles sollte ich auswendig lernen. Und da kam mir wieder meine Ausbildung zugute, weil ich dort bereits alles über Hauttypen usw. wissen musste. Ich habe in den drei Monaten unglaublich viel gelernt und musste sogar ein Arbeitsheft führen. Jeden Tag habe ich mich neben meine Kolleginnen gestellt und ihnen bei der Arbeit zugeschaut. Das hat mir extrem viel weitergeholfen. Jeder Make-up Artist schminkt anders, jeder hat einen anderen Stil und eine andere Technik. Ich konnte mir so von jedem etwas abgucken. Eine meiner Kolleginnen war schon, seit es die Marke in Deutschland gibt, im Store und hatte wahnsinnig viel Erfahrung. Eine Reihe von Visagistinnen arbeiteten schon seit Jahren dort, und ich wusste, von diesen Leuten würde ich viel lernen.

Am Anfang räumte ich im Store ziemlich viel auf und habe Produkte an die richtige Stelle sortiert. Ich fühlte mich sofort in meine erste Ausbildungszeit zurückversetzt. Beispielsweise gab es einen Tester-Aufsteller nur mit Lidschatten. Dazu gehörte ein Merchandise-Buch, in dem genau aufgelistet war, welcher Lidschattentester wo hingehört, damit alles farblich richtig angebracht war. Und natürlich legten die Kunden nicht immer alles dorthin zurück, wo es hingehörte. Weil ich jeden Tag Lidschatten und Puder ordnete, habe ich extrem schnell die Produktnamen gelernt und irgendwann brauchte ich das Merchandise-Buch nicht mehr, sondern kannte die unendlich vielen verschiedenen Lidschattennamen auswendig.

Zu meinen Aufgaben gehörte auch, die Schminkplätze sauber zu halten und den Laden aufzuräumen: zum Beispiel Applikatoren und Schwämmchen auffüllen – typischer Praktikantenkram eben. Aber wirklich frustriert hat mich das nicht, weil ich so stolz darauf war, dort überhaupt zu arbeiten. Trotzdem konnte ich es kaum erwarten, dass die drei Monate vorbeigingen und ich mein Praktikantenschildchen jetzt abnehmen konnte.

Ich hab es von Anfang an geliebt, Kunden zu beraten und ihnen genau die Produkte zu empfehlen, die zu ihnen passten, und da meine Chefin mit mir zufrieden war, durfte ich auch bald

Kunden schminken. Für mich nicht wirklich etwas Neues, da ich ja während der Ausbildung viele Make-ups im Friseursalon geschminkt hatte. Dennoch habe ich mich über das Vertrauen der Storemanagerin sehr gefreut. So konnte ich mein Können zeigen und was ich zusätzlich im Laden gelernt hatte. Und ich konnte mich weiterentwickeln und tun, was ich liebe.

Die Zeit verging, und auf einmal war das Praktikum zu Ende. Zum Abschluss gab es eine richtige Prüfung, in der mehrere Praktikanten vorschminken mussten, um sich für eine feste Stelle oder als Freelancer zu bewerben. Wir sollten einen Nude-Look und einen Smokey-Eye Look schminken sowie einen Look unserer Wahl. Als ich daraufhin gefragt wurde, ob ich eine Festanstellung möchte, habe ich mich fürs Freelancen entschieden. Denn parallel zu meinem Praktikum ging es ja schon mit YouTube los.

# JUST KEEP GOING!

Spaß am Job zu haben, ist mit das Wichtigste im Leben, finde ich. Aber manchmal braucht man trotzdem eine gute Freundin, die einem zum richtigen Zeitpunkt einen Schubs in die richtige Richtung gibt.

**D**agi war bereits seit ein paar Jahren erfolgreiche YouTuberin und immer wieder meinte sie: »Bella, das wäre auch was für dich!« Ich war mir da allerdings gar nicht so sicher, denn ich selbst beschäftigte mich zu diesem Zeitpunkt überhaupt nicht mit der Plattform und schaute auch weder Make-up-Tutorials noch Challenges. Irgendwie hat mich das damals alles gar nicht interessiert. Die meisten Videos fand ich sogar eher peinlich als unterhaltsam. Ganz ehrlich, ich hatte das Gefühl, ich bin zu alt, um irgendwelche Videos auf YouTube hochzuladen. Das hatte ich das letzte Mal mit 13 gemacht. Und die vielen Möglichkeiten, die YouTube bot, kannte ich zu diesem Zeitpunkt noch nicht.

Jedenfalls haben Dagi und ich an einem Abend über WhatsApp geschrieben und da kam wieder das Thema YouTube auf. Daraufhin hat sie mir einfach einen Screenshot von einem YouTube-Kanal geschickt, den sie Minuten vorher erstellt hatte, und der hieß: »MRS. BELLA«. Dagi hatte mir die Entscheidung einfach abgenommen. Sie meinte nur: »Du hast schon so viele Follower auf Instagram, du fängst jetzt damit an, Videos zu posten, du musst das einfach machen!«

Dagi quatschte mich also in die Sache richtig rein. Und dafür bin ich ihr heute noch unendlich dankbar! Denn YouTube hatte sich rasend schnell weiterentwickelt, und nachdem ich von MySpace, über SchülerVZ, Facebook und Instagram wirklich alles mitgemacht hatte, war YouTube eigentlich nur die logische Folge. Bei Instagram hatte ich damals ungefähr 50.000 Abonnenten, was früher noch richtig, richtig gut war. Aber von Foto zu Video? Was sollte ich da zeigen? Dagi meinte schlicht: »Du bist doch Make-up Artist und Friseurin, dreh doch einfach Tutorials.« Ich dachte, na gut, aber das letzte Make-up-Tutorial hatte ich vor langer Zeit gedreht, davon habe ich euch ja erzählt. Ob das überhaupt noch mein Ding war, wusste ich zu dem Zeitpunkt einfach nicht. Doch innerhalb von nur ein paar Wochen stieg mein Kanal auf 100.000 Abonnenten, was einfach der Wahnsinn war. Und im Zeitraum von nur einem Jahr wurde das dann immer mehr und mehr.

Ich habe mich fast ausschließlich mit YouTube beschäftigt, so dass ich gar keine Zeit mehr für irgendetwas anderes hatte. In der ersten Zeit arbeitete ich noch fünf Tage in der Woche. Irgendwann ging es dann los, dass ich tatsächlich Kooperationen durch YouTube erhalten habe und plötzlich viel unterwegs war. Da konnte ich dann nur noch vier Tage, manchmal auch nur drei oder zwei Tage im Store sein. Ich kam bloß noch spätabends dazu, Videos für meinen Kanal zu drehen, und immer öfter musste ich kurzfristig jemanden suchen, der mich im Store vertrat. In der YouTube-Welt ist alles extrem spontan, manchmal erfährt man erst einen Tag vorher, dass man in ein anderes Land fliegen soll. Für meine Kollegen und mich war das irgendwann einfach zu stressig.

> »Du bist doch Make-up Artist, dreh doch einfach Tutorials!«

Deshalb habe ich mich entschlossen, den Job als Visagistin zu kündigen und mich selbstständig zu machen. Ein riesengroßer Schritt! Denn ich hatte absolut keine Ahnung, was mich erwarten würde, und mit den Kolleginnen und Kollegen im Store habe ich super gerne zusammengearbeitet. Aber ich musste mich entscheiden: Höre ich mit meinem Traumjob auf, bei dem ich mich noch extrem hocharbeiten konnte und irgendwann eine sichere und besonders gute Stelle haben würde? Oder mache ich ab sofort dieses verrückte YouTube?

Dann fiel mir ein: »Du hast eine Ausbildung in der Tasche, du kannst immer als Make-up Artist arbeiten und wenn du möchtest, kannst du immer wieder zurückkommen.« Da hatte ich auf einmal keine Angst mehr. Denn was sollte schon passieren? Wenn YouTube nicht funktionieren sollte, konnte ich zu meiner Stelle im Laden zurückkehren. Ab diesem Zeitpunkt habe ich mich voll und ganz auf YouTube konzentriert. Ich blieb mir einfach treu: Wenn ich mir etwas in den Kopf setze, dann ziehe ich das auch durch.

Danke für alles, Dagi! Ohne dich wäre ich nicht da, wo ich heute bin.

# HI LEUTE, UND WILLKOMMEN ZU MEINEM ERSTEN VIDEO ...

Mein Motto war ja schon immer: alles ausprobieren. Und mit meinen Instagram-Abonnenten im Rücken wagte ich mich also eines Tages an mein erstes YouTube-Video.

Im Sommer 2014 war es so weit. Ich stellte meine Digitalkamera auf die Fensterbank in meinem Kinderzimmer, um wenigstens ein bisschen Licht für die Aufnahme zu bekommen. Denn am Anfang hatte ich natürlich weder eine richtig gute Kamera, noch ein Stativ, geschweige denn vernünftige Softboxen. Dann schnappte ich mir ein paar Bücher, damit die Kamera hoch genug war. Ich schaute noch einmal kurz in den Spiegel und drückte schließlich auf den Aufnahmeknopf. Das rote Licht blinkte und los ging's. »Hi Leute, und herzlich willkommen zu meinem ersten Video ... «

Ich drehte ein »50 Facts about me« – damals ein ganz gewöhnliches Format auf YouTube, um sich vorzustellen. Ihr könnt euch denken, 50 Tatsachen über einen selbst fallen einem nicht einfach spontan ein. Versucht das selbst mal, ist eigentlich ganz lustig. Um mich vorzubereiten, habe ich damals Freunde gefragt, was sie mit mir in Verbindung bringen, was typisch für mich ist und selbst noch ein paar Eigenschaften von mir aufgeschrieben.

Der Dreh dauerte ziemlich lange, bestimmt drei Stunden, weil ich mich ständig versprochen habe und ich noch mal von vorne beginnen musste. Danach hockte ich mich an meinen Laptop und habe das Video geschnitten – gefühlt mindestens 24 Stunden. Das dauerte auch deswegen so lange, weil ich keine Ahnung hatte, wie man eigentlich so ein Video schneidet. Dafür habe ich mir dann Tutorials auf YouTube angeschaut. Am Ende war das Video nicht mal 10 Minuten lang. Als ich mit dem Ergebnis halbwegs zufrieden war, kam der aufregendste Teil: das Video bei YouTube hochladen und öffentlich stellen.

Das Gute war, dass ich auf Instagram schon viele Abonnenten hatte, die sich sofort das Video anschauten, weil sie mich ja nur von Fotos kannten und neugierig waren. Zu dieser Zeit gab es noch keine Insta-Stories oder Snapchat. Keiner kannte meine Stimme oder Videos von mir, und ich hatte plötzlich solche Angst, dass mich die Leute nicht mögen könnten.

Also starrte ich die ganze Zeit auf den Bildschirm und aktualisierte alle zwei Sekunden die Anzeige: Wie viele gucken das Video gerade? Wurde wieder ein neuer Kommentar gepostet? Wer schreibt was?

»50 Facts about me«

Zum Glück waren die meisten Kommentare positiv. Die Leute haben mir zugesprochen und meinten so etwas wie: »Hey, ich find dich jetzt noch sympathischer als vorher.« Auf der anderen Seite habe ich zum ersten Mal gemerkt: Wow, okay, es gibt auch ganz gegensätzliche Meinungen. Mich hat echt überrascht, dass auch gleich Negatives kam. Plötzlich wird man von Menschen, die man gar nicht kennt, öffentlich kritisiert. Das war noch mal etwas anderes als bei Instagram.

Aber das Allerwichtigste: Nach diesem Tag war ich meinem Traum, vor der Kamera zu stehen, wieder ein Stück näher gekommen.

# Bellas Signature Look

# Bellas Signature-Look

Das hier ist mein absoluter Lieblingslook für den Alltag! Und er ist ganz einfach – ihr braucht für das Augen-Make-up noch nicht mal unbedingt einen Pinsel. Wichtig ist, dass ihr euer Lid mit einer neutralen Farbe vorbereitet, um eine gute Grundlage für die farbigen Lidschatten zu erhalten. Falls euer Lidschatten etwas bröselt und ein »Fallout« entsteht, geht einfach mit einem ganz fluffigen, sauberen Pinsel leicht unter euer Auge und wischt die Partikel weg. Fertig!

## STEP 1

Tragt einen apricotfarbenen, schimmernden Lidschatten mit eurem Ringfinger auf euer gesamtes bewegliches Lid auf. Danach nehmt ihr einen matten, dunkleren Ton oder auch zum Beispiel Contour-Powder und vertieft damit eure Lidfalte. Mit demselben matten Ton geht ihr an eurem unteren Wimpernkranz entlang. Mascara nicht vergessen! Bei diesem Look kann es gern auch mal etwas mehr sein.

# STEP 2

Nach dem Bronzer tragt ihr mit einem relativ großen Rouge-Pinsel etwas Rouge auf die vordere Partie der Wangen auf. Nehmt nicht zu viel Produkt, sondern klopft den Pinsel gut ab und tastet euch farblich langsam voran. Am Ende sollten Rouge und Bronzer miteinander verschmelzen.

# STEP 3

Zunächst tragt ihr einen nude/rosafarbenen Lippenstift oder Lipliner auf. Danach könnt ihr zusätzlich einen apricotfarbenen Gloss verwenden. Ich empfehle euch, einen schimmernden Gloss zu benutzen, da es noch besser zu dem schimmernden Lidschatten passt.

# ERSTE SCHRITTE
## AUF YOUTUBE

# NO NINE-TO-FIVE-JOB

Meine Community wuchs von Anfang an unglaublich schnell und plötzlich erkannten mich Leute, die ich noch nie im Leben gesehen hatte. Ein merkwürdiges und gleichzeitig unfassbar schönes Gefühl.

Die erste Zeit auf YouTube kam mir total surreal vor, oft wie in einem Traum. Alles entwickelte sich so unglaublich schnell und ich hatte gar keine Zeit, darüber nachzudenken, was eigentlich gerade passierte. Das erste Jahr raste nur so vorbei. Innerhalb von nur ein paar Wochen hatte ich 100.000 Abonnenten, im zweiten Jahr waren es schon fast viermal so viele und heute sind es über eine Million. Verrückt! Dass es dermaßen schnell geht, damit hätte ich niemals gerechnet.

Als es mit YouTube losging, gab es plötzlich so etwas wie Alltag nicht mehr. Vorher war durch Schule, Ausbildung und Job mein Tag, mein ganzes Leben, irgendwie strukturiert. Ich wusste früher immer, wann ich aufstehen musste, wieder nach Hause kommen würde und Freunde treffen konnte. Jetzt aber musste ich erst mal meinen Alltag selbst planen. Denn nun war ich mein eigener Chef, was einerseits echt super war, andererseits aber auch total ungewohnt. Auf alle Fälle bedeutete es, sich selbst zu organisieren und zu disziplinieren. Schließlich ist YouTube kein Nine-to-Five-Job. Und man kann nicht irgendwann den Rechner runterfahren, die Tür hinter sich zumachen und fertig. Das Internet schläft nicht.

Anfangs war es mein Anspruch, mindestens zwei Videos in der Woche hochzuladen. Kontinuität ist bei YouTube das A und O, denn wer nicht dranbleibt, ist ganz schnell weg vom Fenster. Da ich aber immer alles allein gemacht habe, – von der Idee, über den Dreh bis zum Schnitt und so weiter – wurde das neben all den anderen Terminen und Events, die ich auf einmal hatte, immer schwieriger. Ständig musste ich von A nach B fliegen, so dass am Flughafen zu sein fast schon ein heimisches Feeling in mir ausgelöst hat.

Mit YouTube ist halt kein Tag wie der andere. Es ist nicht so, dass ich um 9 Uhr anfange, um 12 Uhr Mittagspause habe und um 17 Uhr nach Hause gehen kann. Man ist komplett auf sich allein gestellt und das ist gerade in jungen Jahren nicht leicht. Zumindest war es das für mich nicht. Früher hat meine Chefin bestimmt, wann ich zur Arbeit kommen sollte und gehen durfte. Aber plötzlich entscheidet man das alleine. Jeder Selbständige weiß das: Vor allem am Anfang arbeitet man rund um die Uhr, um auf einen grünen Zweig zu kommen. Meine Freunde jeden Tag zu sehen, war für mich vorher völlig normal. Doch plötzlich wurde es immer schwieriger, einen Tag zu finden, an dem ich Zeit hatte, da ich teilweise vier Wochen am Stück unterwegs war und nur zum Koffer ein- und auspacken nach Hause kam. Für die meisten von euch klingt das bestimmt richtig toll und aufregend, aber ich sag's euch, wie es ist: Ich bin ein absoluter Heimscheißer. Und plötzlich fühlte ich mich wieder wie ein Kind bei einer Übernachtungsparty. Ich hatte Heimweh. Beruflich in andere Länder oder Städte zu fliegen, fühlte sich keineswegs an wie Urlaub, denn wirklich etwas von dort gesehen habe ich ja sowieso nicht. Schade. Mittlerweile habe ich mich an all das gewöhnt und schaffe es, alles gut zu koordinieren, so dass es

für mich keineswegs mehr negative Gefühle auslöst.

Damals musste ich mich auf alle Fälle erst mal daran gewöhnen, kein freies Wochenende mehr zu haben, weil das Internet nicht einfach mal sonntags oder in den Sommerferien abgeschaltet wird. Denn das Wochenende und die Ferien sind die absolute »Prime Time« auf YouTube.

Schaue ich mir ein paar meiner ersten Videos an, finde ich, dass ich da noch ein bisschen verkrampft vor der Kamera bin. Was ja auch total normal ist, weil ich anfangs einfach in meinem Kinderzimmer saß und auf eine Kamera einredete. Doch irgendwann und mit ein bisschen Übung klappt das ganz locker. Heute rede ich vor der Kamera so, als würde ich mit einer guten Freundin sprechen. Und dabei quatsche ich einfach drauf los. Mir war schon immer wichtig, einfach ein Thema zu haben, über das ich sprechen möchte, aber bloß nichts zu skripten. Ich bin ja schließlich keine Nachrichtensprecherin, sondern YouTuberin. Dass sich jeder selbstverwirklichen kann, wie er möchte, das ist das Besondere an dieser Plattform und dafür liebe ich YouTube.

Von einer Zuschauerin erkannt wurde ich übrigens zum ersten Mal, als ich noch als Make-up Artist gearbeitet habe. Im Store war super viel los und ein Mädchen kam zielgerichtet auf mich zu. Sie dachte bestimmt, dass ich den Umgang mit Zuschauern schon gewohnt bin. Was sie nicht wusste, war, dass sie die Allererste war, die fragte: »Hallo, können wir vielleicht ein Foto machen?« Zunächst habe ich gar nichts gecheckt. In meinen Ohren war nur ein Rauschen und meine Hände haben vor Aufregung angefangen zu zittern. In meinem Kopf hatte ich diese Situation zwar schon des öfteren durchgespielt, aber als es dann so weit war, war ich komplett überfordert. Also habe ich, glaube ich, einfach gar nichts gesagt. Wir haben das Foto gemacht, und dann war sie auch schon wieder weg. Und ich war völlig hinüber. Ein echt unbeschreibliches Gefühl, das ich noch den ganzen Tag im Bauch hatte.

Denn so richtig klargeworden, was meine Videos bewirken und was da draußen wirklich los ist, ist mir erst bei meinem ersten Fantreffen.

> »Hallo, können wir vielleicht ein Foto machen?«

# MEIN ERSTES FANTREFFEN

Als ich mein erstes Fantreffen organisierte, fragte ich mich, ob überhaupt Leute kommen würden, um mich zu sehen. Ich konnte mir das kaum vorstellen. Doch was dann an dem Tag abging, war wirklich unvorstellbar.

Schon früh hatte ich mitbekommen, was passieren konnte, wenn ich mit Dagi in der Stadt unterwegs war und sie auf der Straße erkannt wurde. Ich meinte, ich wäre sozusagen dank dieser Erlebnisse bereits daran gewöhnt. Deswegen habe ich mir keine großen Gedanken über mein erstes Fantreffen gemacht, sondern mich eher gefragt, ob überhaupt jemand kommen würde. Ich hatte ja vorher noch nie so etwas erlebt und dachte echt nicht, dass jemand Lust hätte, extra zu dieser Location zu kommen, um mich persönlich zu treffen. Geplant war, in einer Parfümerie mitten in der Kölner Innenstadt zu stehen, um Fotos mit ein paar Zuschauern zu machen. Das wurde einige Wochen vorher auf meinen Kanälen angekündigt. Und ganz optimistisch rechnete ich mit ungefähr 200 Leuten.

An dem Tag bin ich schon viel früher an der Parfümerie aufgetaucht als eigentlich vereinbart. Und dort standen schon unglaublich viele Leute, die auf mich warteten. Was mich verwundert hat, weil ich selbst dann noch nicht begriffen habe, dass die Menschen nur wegen mir gekommen waren. Ich bin einfach ein ganz normaler Mensch und plötzlich wollten unfassbar viele Leute ein Foto mit mir machen und wollten sogar, dass ich auf ihren Handys unterschreibe.

## »Ich mach doch nur Make-up-Tutorials«

Am Ende kamen weitaus mehr als 200 Menschen und das Ganze musste nach weniger als 40 Minuten abgebrochen werden, weil ein zu hohes Sicherheitsrisiko für die Zuschauer bestand. Da habe ich zum allerersten Mal gecheckt, was eigentlich abgeht.

Ich brauchte danach echt Stunden, um wieder klarzukommen. Und selbst als ich schon zu Hause war – bepackt mit jeder Menge süßer Fan-Geschenke und Post, die ich total überwältigt nach und nach aufgemacht und gelesen habe –, hatte ich noch einen richtigen kleinen Schock und musste erst mal ein paar Tränchen verdrücken. Es war total schön, die Leute, die hinter meiner Abo-Zahl steckten in der Realität kennenzulernen. Das, was für einen sonst nur Kommentare, Likes und Follower waren, stand plötzlich als echter Mensch vor mir. Und jeder Einzelne war so nett und herzlich zu mir. Ich war noch lange Zeit sprachlos und gerührt, dass so viele Menschen feiern, was ich mache, dabei bin ich für mich selbst doch einfach nur ich.

Auch heute freue ich mich jedes Mal sehr, meine Zuschauer zu treffen. Und ich frage mich, wann es für mich wohl endlich normal werden wird, über einen roten Teppich zu laufen. Denn manchmal kann ich immer noch nicht fassen, dass sich mein Leben so verändert hat. Wenn die Fotografen meinen Namen rufen, bin ich immer noch total überrascht, dass sie mich überhaupt kennen. Klar sehe ich die riesige Zahl von Abonnenten, aber so richtig kann und sollte man sich das gar nicht vorstellen: über eine Million Leute! Da wird man ja verrückt! Wenn ich beispielsweise auf Conventions bin und die Zuschauer aufgeregt mit mir sprechen und teilweise weinen, dann denke ich oft: »Wow, ich mach doch nur Make-up-Tutorials!« Und doch mache ich offenbar irgendetwas, was die Leute anscheinend feiern.

# #IDONTHATE

Ich finde, jeder soll seine Meinung frei sagen dürfen. Aber im Internet urteilen viele schnell. Und manchmal werden so extrem beleidigende Kommentare gepostet, dass es einfach nur verletzend ist.

Eigentlich ist jedes Wort über Hater eines zu viel. Trotzdem möchte ich euch beschreiben, wie ich das Ganze sehe. Am Anfang war es irgendwie komisch, dass plötzlich so viele mein Leben mitverfolgt haben und sich jeder ein Bild machen konnte. Völlig unbekannte Menschen haben mein Leben kommentiert und sich Urteile gebildet. Im Internet sind eine Menge Leute unterwegs, und ein Kommentar ist einfach nur einen Klick weit entfernt. Und viele denken nicht darüber nach, wie manches ankommt. Außerdem war es echt schwer für mich, weil ja auch meine Familie und Freunde diese üblen Kommentare lesen.

Die meisten negativen Kommentare versuche ich mittlerweile einfach zu ignorieren, weil ich grundsätzlich und zu 99,9 Prozent eine super nette und total positive Community habe. Es bringt nichts, sich mit Hatern auseinanderzusetzen oder sich für irgendetwas zu rechtfertigen. Früher habe ich mich oft gerechtfertigt, denn ich kannte es natürlich nicht, einfach aus dem Nichts falsch beschuldigt zu werden. Wenn mir jemand ganz offensichtlich unrecht tut, hat mich das schon immer total genervt. Irgendwann kam ich zu dem Punkt, an dem ich mir gesagt habe: »Hey, was hast du davon, wenn du dich darüber so aufregst? Gar nichts!«

Als YouTube in Deutschland groß wurde und sich alle Leute darauf gestürzt haben, gab es natürlich auch gleich sehr viel Hate. Und nachdem die ersten Produktplatzierungen auftauchten, dachten die Leute offenbar: Mit so einem »Mist« kann man also Geld verdienen. Sie wussten es halt nicht besser. Denn der Job »Influencer« war noch ganz neu. Keiner konnte so richtig hinter die Kulissen schauen und keiner hatte eine Ahnung, was für eine Arbeit dahintersteckt. Bevor ich selbst mit YouTube anfing, habe auch ich leider genauso gedacht.

Doch dann gab es diese Phase, in der wir YouTuber fast alle extrem schlechte Kommentare bekommen haben und einigen ging es damit auch wirklich gar nicht gut. Wir beschlossen daher gemeinsam, daraus eine Hashtag-Aktion zu starten – #IDONTHATE –, die unglaublich gut angekommen ist.

Und in meinem Video dazu wollte ich einfach alles loswerden, was mir zu der Zeit auf dem Herzen lag. Zum Beispiel, dass sich Hater mal überlegen müssen, dass auch meine Freunde und meine Familie diese unglaublichen Kommentare lesen. Und ich würde niemals wollen, dass Eltern über ihre Kinder etwas lesen, das dermaßen verletzend ist oder einfach nicht stimmt. Manche denken gar nicht darüber nach, wenn sie etwas posten. Andere meinen es vielleicht gar nicht so böse, aber verletzend bleibt es trotzdem. Viele im Internet sind auch einfach super jung oder glauben, sie fühlen sich nachher besser. Aber ganz ehrlich, im Endeffekt bringt so etwas niemanden weiter, sondern wirft nur ein schlechtes Bild auf denjenigen, der so etwas schreibt.

## »What Susie says of Sally says more of Susie than of Sally.«

Nach dem Video habe ich auf alle Fälle eine absolute Veränderung bemerkt – das hat dann doch sehr viel gebracht.

Ich freue mich immer total über die ganzen positiven Kommentare, auch von Zuschauern, die teilweise schon von Anfang an dabei sind, die meine Art kennen, einfach wissen, wie ich drauf bin, und dann nur kurz und knapp kommentieren: »Typisch Bella.«

# FÜR IMMER YOUTUBE?

Nach den ersten zwei Jahren Fulltime-Job YouTube tauchten bei mir auf einmal Fragen und leichte Zweifel auf, ob ich wirklich auf dem richtigen Weg war. Denn in meinem Privatleben war einiges durcheinandergeraten und ich habe mich daraufhin etwas zurückgezogen. Keine schöne Zeit – weder für meine Zuschauer noch für mich.

Obwohl ich meinen Job liebe, habe auch ich Zeiten – genau wie jeder andere auch –, in denen ich keinen Bock habe zu arbeiten. Zwar habe ich mein Hobby zum Beruf gemacht, allerdings kann man »Beruf« nicht immer mit »Hobby« gleichsetzen. Ich kann mir für mich keinen besseren Job auf der Welt vorstellen, doch manchmal ist es gar nicht so leicht wie es aussieht. Denn natürlich zeigen euch Influencer meist nur die faszinierenden und glamourösen Seiten ihres Lebens und das Schöne an diesem Beruf ist ja, dass man seine Zuschauer für einen Moment aus der Realität entführen und mit kleinen Videos und Fotos aufmuntern kann. Schließlich hat jeder seine eigenen Probleme, da muss ich euch nicht auch noch mit meinen nerven.

Nach ungefähr zweieinhalb Jahren extremem YouTube-Leben fing ich allerdings an, mich zu fragen: »Ist es das, was du dein Leben lang machen möchtest? Fast alles, was du tust und was du machst, wird irgendwo immer gesehen. Willst du das?« Früher bin ich zum Beispiel sehr gerne allein in die Stadt gegangen, ich habe mich in Läden umgeschaut und war in Ruhe shoppen. Doch plötzlich habe ich mich das nicht mehr getraut. Auf einmal wollte ich immer jemanden, der mit mir mitkommt. Nicht weil ich Angst hatte, von einem Haufen Fans überrannt oder von Paparazzi verfolgt zu werden – ich bin ja schließlich nicht Beyoncé –, sondern weil es mir irgendwie unangenehm war. Mittlerweile hat sich das eingespielt und heute ist das gar kein Thema mehr. Im Gegenteil: Ich freue mich immer sehr über Fans, denn das sind jedes Mal schöne Erlebnisse und die lieben Worte versüßen mir immer den Tag.

Aber damals realisierte ich langsam, was der Job bedeutet, und was das alles mit sich bringt. Vor allem, wenn es wie bei mir so schnell geht mit dem Bekanntheitsgrad. Ab einem gewissen Zeitpunkt lief es bei mir privat gar nicht rund und dazu kamen noch Schicksalsschläge. Und ich merkte, ich kriege es nicht hin, vor der Kamera fröhlich zu sein und so zu tun, als wäre alles in Ordnung. Daraufhin bin ich in einen Strudel geraten, so dass ich einfach keine Lust auf gar nichts mehr hatte. Ich habe immer weniger Videos veröffentlicht und alle haben sich gefragt, was

los ist. Vor allem, weil mich die Meisten schon so lange auf YouTube mitverfolgten, merkten sie in meinen Videos sofort, dass etwas nicht stimmte. Aber ich habe mich damals dazu nicht geäußert, weil ich mein Privatleben für mich behalten, meine Familie und Freunde schützen und einfach nicht darüber sprechen wollte. Das kann, glaube ich, eigentlich jeder verstehen. Trotzdem befand ich mich plötzlich in einer Zwickmühle.

In der schlimmsten Phase habe ich scheinbar grundlos angefangen zu heulen. Und dachte dabei gleichzeitig: »Spinnst du eigentlich? Warum fühlst du dich nur so?« Zu dem Zeitpunkt war ich drauf und dran aufzugeben. Ich überlegte, alles hinzuschmeißen und einfach wieder als Make-up Artist zu arbeiten. Hinter der Kamera. »Ich glaub, ich kündige einfach!«, habe ich damals zu meinem Manager Flo gesagt. Dann ist mir aber aufgefallen, dass ich kein »Blitzdings« besaß, mit dem ich die Gedanken der Menschen löschen konnte. Egal, was ich künftig tun wollte: Man kannte mich ja trotzdem. Ich konnte schließlich nicht einfach meine Identität löschen. Der Druck, den ich da empfand, war einfach zu

# »Ich glaub, ich kündige einfach!«

hoch. Über zwei Jahre hatte ich mir null Gedanken gemacht und nicht mal ein Fünkchen darüber nachgedacht, was mit meinem Leben passierte. Und als ich anfing zu realisieren, was alles geschehen war, da war es eigentlich schon zu spät – ich steckte mittendrin.

Daraufhin habe ich mir etwas Zeit gelassen, um wieder Freude am Drehen zu finden. Ja, viele Leute haben auf neue Videos gewartet und somit gab es auch echt viele negative Kommentare von Leuten, die meinten, ich sei ihnen etwas schuldig. Ich wollte aber nicht vor aller Welt mein Privatleben auspacken, weil ich mich dabei einfach nicht wohlgefühlt hätte. Nach einer Weile stellte ich fest: Das sind alles Erfahrungen, an denen man wächst. Es gibt immer Ups and Downs, wie in jedem Job und in jeder Lebenslage. Aber ich habe gelernt, besser damit umzugehen.

Heute sieht sowieso alles ganz anders aus. Heute bin ich einfach nur mega glücklich. Glück bedeutet für mich, auf mein Leben zu schauen und zufrieden zu sein. Vielleicht habe ich nicht immer alles richtig gemacht, aber selbst Fehler ergeben im Nachhinein Sinn, denn nur so bin ich da hingekommen, wo ich jetzt bin. Vieles, was anfangs in meinem Leben absolut unmöglich und weit weg schien, habe ich mittlerweile erreicht: Mein Job ist unglaublich. Was ich alles bisher gemacht habe, was ich erlebt habe, hätte ich mir früher niemals vorstellen können. Es ist einfach nie langweilig. Dieser Job passt mit Sicherheit nicht zu jedem, denn man braucht ein dickes Fell. Aber ich kann mir mittlerweile keinen schöneren Beruf vorstellen.

# The truth will set you free but first, it'll piss you off.

PHARELL WILLIAMS

MRS. BELLA
CONTOUR & CONFIDENCE

# First
# Date

# First Date

Bei diesem Look geht es um einen Day- oder Nighttime-Look, der natürlich, aber gleichzeitig nicht langweilig ist. Also perfekt für den Alltag oder das erste Date. Außerdem könnt ihr den »Bella-Signature-Look« als Grundlage verwenden, da man »First Date« wunderbar darauf aufbauen kann. Dafür benutzt ihr bloß ein paar dunklere Farben und einen schönen rosafarbenen Lippenstift.

Falls ihr diesen Look von Anfang an schminken wollt, fangt wie gewohnt mit eurer Feuchtigkeitspflege und Lieblingsfoundation an. An solch besonderen Tagen, an denen ihr zum Beispiel ein Date habt, empfehle ich, keine Experimente zu machen. Ihr solltet euch rundum wohl fühlen, also benutzt am besten Produkte, die ihr schon kennt und liebt, so dass ihr keine Angst haben müsst, dass etwas nicht perfekt sitzt. Ich finde, Rosatöne sind für so einen Anlass perfekt, da sie super schön und frisch aussehen.

## STEP 1

Zuerst settet ihr euer gesamtes bewegliches Lid mit einem hautfarbenen, matten Lidschatten. Ich persönlich nehme dafür auch zwischendurch mal gerne ein einfaches Gesichtspuder. Danach gebt ihr einen matten, mauvefarbenen Lidschatten in die Lidfalte. Achtet darauf, mit der Farbe von außen nach innen zu arbeiten. Danach geht ihr mit einem flachen Lidschattenpinsel oder einem Finger in einen schimmernden rosafarbenen Ton und gebt ihn auf euer bewegliches Lid. Vom Augeninnenwinkel bis leicht über die Mitte eures Lids. Um beide Farben gut miteinander zu verblenden, gehe ich noch einmal mit einem Blenderpinsel über den Übergang der beiden Lidschatten.

## STEP 2

Mit dem gleichen matten Mauveton geht ihr an eurem unteren Wimpernkranz entlang. Allerdings nicht ganz bis zum Augeninnenwinkel, denn, um eure Augen noch mehr strahlen zu lassen, tragt ihr dort euren liebsten hellen Highlighter auf. Den könnt ihr auch unter eure Augenbrauen geben, und natürlich auch überall sonst, wo ihr einen schönen Glow haben möchtet.

## STEP 3

Nachdem ihr eure Lieblingslippenpflege aufgetragen habt, nehmt ihr zusätzlich einen cremigen roséfarbenen Lippenstift. Den Lippenstift sanft mit der Fingerspitze auf die Lippen tupfen und harte Konturen verblenden.

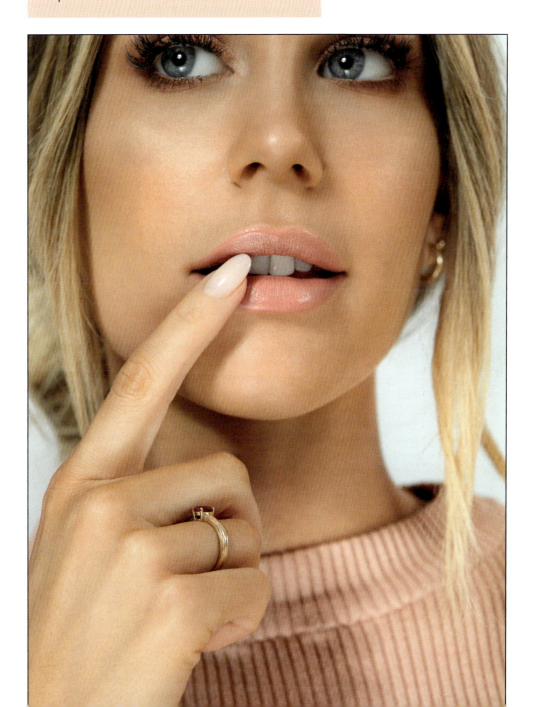

# RED CARPET
## MOMENTS

# ERSTE EVENTS

Zu meinem Job gehören auch große Events. Aber wenn man wie ich beim ersten Mal absolut ins kalte Wasser geworfen wird und von der einen auf die andere Sekunde über einen echten roten Teppich gehen soll, kann man schon mal fertig mit den Nerven sein.

Zum allerersten Mal über einen roten Teppich gelaufen bin ich 2015 bei der Berlinale. Das klingt total glamourös, ich weiß. Aber, ganz ehrlich, ich habe mir da fast in die Hose gemacht. Denn ich wusste vorher überhaupt nicht, dass ich dort auch über einen Red Carpet gehen sollte.

Einige Wochen vorher saß ich zu Hause und bin meine E-Mails durchgegangen. Bei einer fiel mir im Betreff sofort eine bekannte Make-up-Marke plus das Stichwort »Berlinale« auf. Da ist mir kurz das Herz stehengeblieben und ich fragte mich: »Was ist das denn?« und stellte dann komplett überrascht fest, dass ich tatsächlich auf ein Event eingeladen bin. Das war mega krass für mich, da es meine erste Einladung zu so einer großen Veranstaltung war. Ich habe natürlich direkt zugesagt.

Als ich dann in Berlin in einem 5-Sterne-Hotel angekommen bin, hat sich das angefühlt wie ein falscher Film, weil ich selbst noch nie in einem 5-Sterne-Hotel war, geschweige denn so ein Hotel mal von innen gesehen hatte. Als ich in der eigentlichen Location ankam, waren da noch mehrere YouTube-Kolleginnen, die ich bis zu diesem Zeitpunkt alle nur aus dem Internet kannte. Es war sehr komisch, sie nun auch im echten Leben zu sehen. Und im Gegensatz zu mir kamen sie mir so sicher und selbstbewusst vor. Denn viele machten den Job schon viel länger als ich und sie wussten natürlich, was sie zu tun und wie sie sich zu verhalten hatten. Da kam ich mir am Anfang ziemlich fehl am Platz vor, denn ich hatte ja erst im Juli 2014 meinen Kanal eröffnet und die Berlinale war schon gleich im Februar danach.

104

Bevor wir zur Premiere fuhren, gab es ein super Dinner für uns und wir konnten uns die Haare stylen lassen. Alles war richtig toll organisiert. Irgendwie war es mir auch ein bisschen unangenehm, dass sich so viele Menschen so hingebungsvoll um mich kümmerten und mir jeden Wunsch von den Lippen ablasen. Zum damaligen Zeitpunkt hatte ich in der Branche noch nicht wirklich viel gerissen und war noch relativ unbekannt. Auch heute ist es mir irgendwie noch ein kleines bisschen peinlich, so »betüddelt« zu werden.

Schließlich wurden wir von diesen Shuttle-Limousinen mit getönten Scheiben abgeholt. Wir dachten also, wir gucken uns eine Filmpremiere im Berlinale-Palast an. Das allein war schon aufregend genug, denn die Hauptdarsteller sollten erscheinen und wir würden gemeinsam mit ihnen im Kino sein. Allerdings hatte uns zu diesem Zeitpunkt noch niemand gesagt, dass wir auch über den roten Teppich laufen sollten.

Ich saß im ersten Auto und während der Fahrt haben wir uns wild unterhalten, so dass keiner mal aus dem Fenster geguckt hatte. Dann stoppte der Wagen und auf einmal hieß es: »Bella, du musst als Erste aussteigen.« Und ich meinte nichtsahnend: »Okay.« Erst da sah ich, dass die Limousine am roten Teppich angehalten hatte und alle Kameras auf meine Wagentür gerichtet waren. Ich dachte nur: »Ich mache das auf gar keinen Fall!«, weil ich so Schiss hatte. Doch daraufhin wurde die Tür von außen aufgerissen und ich musste aussteigen. In dem Moment ging das Blitzlichtgewitter schon los. Das Ganze legte sich aber sehr schnell, als sie merkten, dass ich ein absoluter Niemand bin.

Diese ganze Situation war mir einfach nur extrem peinlich. Jetzt hieß es: Augen zu und durch! Und mit einer anderen YouTuberin zusammen bin ich

ohne nach links und rechts zu gucken quasi über den roten Teppich gerannt. Von uns wollte ja sowieso keiner ein Foto haben.

Man muss sich das mal vorstellen: Da standen Hunderte von Fans, die auf Autogramme und Selfies mit ihren Stars warteten. Da waren jede Menge Kamerateams und Fotografen. Alle zehn Sekunden fuhr eine neue Limousine vor und es stiegen lauter Superstars, wie zum Beispiel Dakota Johnson und Jamie Dornan aus – es handelte sich nämlich um die Weltpremiere des ersten »Fifty Shades of Grey«-Films. Und ich kam überhaupt nicht klar. Es gibt dazu heute auch noch einen Vlog auf meinem Kanal. Für alle, die sich die Geschichte noch mal genauer ansehen möchten.

Weil ich ja nicht genau wusste, was mich erwarten würde, hatte ich mir auch vorher nicht viele Gedanken über meine Klamotten gemacht, sondern trug schlicht mein damaliges Lieblingsoutfit: schwarze Hose, schwarzweiße Bluse mit schwarzem Hut auf dem Kopf. Im Großen und Ganzen war es ein wunderschöner und aufregender Tag, an den ich mich immer erinnern werde. Aber eins war mir klar: An dieses Red-Carpet-Ding werde ich mich sehr gewöhnen müssen.

# KLASSENTREFFEN

Anfangs war es echt komisch, andere YouTuber zu treffen. Denn ich kannte sie ja bloß aus dem Internet. Trotzdem ging es mir genauso wie vielleicht einigen von euch: Ich fühlte mich sofort verbunden und hatte das Gefühl, das sind gute Bekannte.

Nach und nach habe ich meine ganzen Kolleginnen und Kollegen kennengelernt. Und es dauerte nicht lange, da kamen mir die großen Treffen bei Events oder Preisverleihungen vor wie ein Klassentreffen.

Allerdings fühlte sich das bei den ersten Malen noch total merkwürdig an, weil ich die »Neue« war und mich gar nicht auskannte. Und die anderen wussten ja auch so gut wie nichts von mir, höchstens durch Dagi ein bisschen. Weil ich anfangs sehr schüchtern war, fiel es mir etwas schwer, mich gleich mit allen zu unterhalten. Aber die anderen waren super nett und viele Kolleginnen und Kollegen haben mir gleich angeboten, mit mir Videos zu drehen, damit deren Zuschauer meinen Kanal kennenlernen. So haben wir uns halt gegenseitig geholfen.

Trotzdem war es am Anfang mega komisch, wenn ich Leute getroffen habe, die ich bis dahin nur aus dem Internet kannte. Ich hatte nämlich irgendwie das Gefühl, das sind meine Bekannten und fühlte mich direkt verbunden. Auch deswegen finde ich, ist YouTube so eine krasse Plattform: Man hat nach kurzer Zeit das Gefühl, die Menschen, die man eigentlich nur vom Bildschirm kennt, auch im Real Life zu kennen.

Selbst heute gibt es immer noch Situationen, in denen ich Kollegen begegne, wir uns begrüßen, unterhalten und uns plötzlich fragen: »Haben wir uns eigentlich schon mal live gesehen?« Deshalb kann ich auch voll nachvollziehen, wie man sich als Zuschauer fühlt, wenn man zum ersten Mal einen YouTuber trifft. Denn durch die Videos hat man schon eine gewisse Nähe aufgebaut.

# ERSTE RED-CARPET-VERSUCHE

Noch heute bin ich mir manchmal auf Red-Carpet-Events, die außerhalb der YouTube-Szene stattfinden, nicht sicher, ob mich überhaupt jemand kennt. Irgendwie habe ich mich immer noch nicht daran gewöhnt, dass die Leute, die am roten Teppich stehen, teilweise auch wirklich wegen mir da sind. Denn meine ersten Erlebnisse waren natürlich das komplette Gegenteil von Glamour und manche echt zum Kaputtlachen.

**D**ie erste Webvideopreisverleihung, bei der ich eingeladen war, fand im Juni 2015 statt. Dort lernte ich eine YouTube-Kollegin kennen, die schon länger als ich auf YouTube aktiv war. Von der Abonnentenzahl waren wir damals ungefähr auf einem Level. Und auf dem roten Teppich fühlten wir uns beide irgendwie fehl am Platz.

Am Rand standen die Zuschauer und warteten auf ihren liebsten YouTuber. Wir mussten die ganze Zeit grinsen, weil uns beide wirklich fast niemand kannte und wir nur von wenigen Fans angesprochen wurden. Andere YouTuber haben durchgängig Fotos gemacht und die Fans sind ausgeflippt, aber für sie und mich interessierten sich eher wenige.

Plötzlich rief uns ein Zuschauer zu sich. Wir haben uns sofort extrem gefreut: »Endlich, da möchte doch jemand ein Foto mit uns machen!« Das Mädchen hat uns dann ein Buch in die Hand gedrückt und meinte: »Könnt ihr das bitte Dagi geben, zum Unterschreiben?« Oh man, haben wir uns kaputtgelacht. Das

wäre eigentlich unser Moment gewesen – doch leider knapp das Ziel verfehlt. Verrückt, wenn man sich heute überlegt, dass ich nur zwei Jahre später sogar für einen Webvideopreis nominiert wurde.

## Ganz knapp das Ziel verfehlt

Mein erstes Mal auf der Fashion Week war ganz ähnlich. Natürlich gab es auch wieder einen roten Teppich und mein Manager wollte mich überzeugen, dass ich da jetzt durchmuss, dass das dazugehört und dass das gut für mich wäre. Und ich dachte nur so: »Oh mein Gott, nein. Nicht schon wieder!« Also wurde ich auf den roten Teppich geschoben, habe mich dort hingestellt und fühlte mich einfach nur verloren. Daraufhin hat es ca. drei Mal geblitzt und der Fotograf fragte mich leicht abschätzig: »Und wer bist du?« Ich antwortete etwas kleinlaut: »Ich bin YouTuberin.« Und er sagte nur: »Ach so. Schon wieder so 'ne Bloggerin«, und hat mich einfach zur Seite gewunken, damit ich weitergehe. Ich sagte noch schnell: »Ne, ne, YouTuberin, keine Bloggerin.« Vielleicht hätte ich besser behauptet, die neue Freundin von Justin Bieber zu sein, aber, na ja, dieses Erlebnis hat mich eigentlich nur noch mehr motiviert, es irgendwann so weit zu schaffen, dass auch dieser Fotograf mich kennt.

# Classic
# Beauty

# Classic Beauty

Dieser Look ist ein absoluter Klassiker. Ob ihr in der Stadt unterwegs seid zum Feiern oder auch für ein Date. Geht immer, funktioniert zu jedem Anlass. Und merkt euch, gerade bei Eyeliner: Übung macht den Meister! Setzt euch einfach abends, wenn ihr Zeit und Lust habt, vor den Spiegel und probiert den perfekten Lidstrich, bis ihr darin sicher seid. Genauso habe ich es auch gemacht und irgendwann klappt es dann. Zwar nicht immer so perfekt, wie man es sich vorstellt, aber es wird von Mal zu Mal besser. Testet erst mal ein bisschen durch, denn jeder Mensch hat eine andere Augenform und nicht zu jedem passt der gleiche Wing.

# Tipps
## FÜR DEN PERFEKTEN LIDSTRICH

- Gerade für den Anfang ist es einfacher, nicht sofort einen Liquid Eyeliner zu benutzen. Also nehmt einen sehr feinen, abgeschrägten Pinsel und feuchtet ihn mit etwas Fixing-Spray an. Geht danach mit dem Pinsel in einen gut pigmentierten schwarzen Lidschatten und zieht damit einen Lidstrich.

- Wer noch nicht ganz sicher ist, kann auch erst mal mit einem braunen Lidschatten starten.

Damit fallen kleine Macken nicht so sehr auf. Auch für die Profis: Ein brauner Lidschatten ist auch mal eine schöne Abwechslung.

- Achtet darauf, dass der Wing an eurer Lidfalte vorbeigeht, so dass er sich nicht abknickt, wenn ihr die Augen wieder öffnet. Startet am besten am äußersten Winkel eures Auges und zieht die Linie in Richtung Ende eurer Augenbraue.

- Um den Lidstrich zu perfektionieren, mit Concealer und einem kleinen, flachen Pinsel vorsichtig unter dem Wing entlanggehen, damit er noch präziser wird.

- Haltet den Spiegel zwischendurch auch mal weiter von eurem Gesicht weg, so behaltet ihr das Gesamtbild besser im Auge.

## STEP 1

Bei diesem Look verwende ich keinen schimmernden oder glitzernden Lidschatten, sondern trage einen matten taupefarbenen Lidschatten in meine Lidfalte auf und verblende ihn gut. Der Fokus sollte bei diesem Look definitiv auf den Lippen liegen.

## STEP 2

Anschließend setzt ihr am äußeren Augenwinkel an und zieht eine feine Linie in Richtung Ende der Augenbraue. Nun zieht ihr vom Ende dieser Linie eine weitere feine Linie in Richtung Wimpernkranz. Dieses Dreieck füllt ihr nun aus. Die Linie sollte zum Augeninnenwinkel immer schmaler werden.

# STEP 3

Tragt zuerst ein wenig Liquid Lipstick auf die Mitte der Lippen auf. Danach arbeitet ihr euch mit einem schmalen Pinsel immer weiter nach außen vor. Malt zuerst immer unter der eigenen Lippenkontur, um Platz für mögliche Korrekturen zu lassen. Verrutscht trotzdem mal etwas, kann man immer noch mit einem Concealer an den Seiten entlangfahren und so kleine Fehler ausbessern.

# Für noch mehr Glamour:

### STEP 1
Für noch mehr Glamour tupft mit eurem Finger etwas goldenen Lidschatten auf die Mitte eurer Lippen. Rot und Gold passen perfekt zusammen und lassen eure Lippen optisch voller wirken.

# STEP 2

Vor allem zu Weihnachten ist ein goldener Lidschatten perfekt. Super schnell und einfach: einen flachen Pinsel leicht mit Fixing-Spray anfeuchten und damit einen goldenen Lidschatten über euer gesamtes bewegliches Lid auftragen. Das Ganze könnt ihr mit einem matten, bräunlichen Lidschatten nach außen hin verblenden. Arbeitet den Lidstrich einfach nochmal mit einem Eyeliner sauber nach, falls etwas Lidschatten darauf gelandet sein sollte.

# SCHÖNHEIT
## UND PFLEGE

# WAS IST SCHÖN?

Wer sich schön findet, fühlt sich automatisch besser. Aber auch ich habe Phasen, in denen ich mich einfach nur unwohl fühle. Mit Make-up und Styling haben wir ja zum Glück immer die Chance, das zu ändern.

Schönheit? Was macht das eigentlich aus? Eine bestimmte Körpergröße, irgendein Gewicht, das die Waage anzeigt, oder reine Haut? Sind lange Beine automatisch hübsch und kräftige Oberschenkel sollten versteckt werden? Ist eine Narbe schlimm? Und wie ist das mit Sommersprossen? Und kurzen oder langen Haaren? Ihr merkt schon, man kann sich allgemein rund um das Thema Schönheit jede Menge Gedanken machen. Ich finde, grundsätzlich sollte man sich fragen, ob man vielleicht einem unrealistischen Schönheitsideal nachläuft oder irgendeinem ungesunden Perfektionismus. Dann gibt es einerseits das, was gerade als schön gilt – denn Schönheit hat im Endeffekt auch immer etwas mit Trends und Mode zu tun, was sich schnell wieder ändern kann. Und ande-

rerseits das, was man persönlich schön findet. Sei es an anderen, aber vor allem auch an sich selbst.

Wenn man Glück hat und in einer Familie groß wird, die einen in allem unterstützt, dann lernt man, dass Mama und Papa und die Großeltern einen irgendwie immer hübsch finden. Schlicht weil sie uns lieben. Und darum macht man sich in den ersten Jahren null Sorgen um das eigene Aussehen. Irgendwann als Teenager aber steht man trotzdem vor dem Spiegel und ist plötzlich kritisch: die Lippen zu schmal, die Augenbrauen zu buschig und die Wimpern zu kurz.

Auch ich hatte Phasen, wo ich heulend vorm Spiegel saß und dachte: »Du bist einfach nur hässlich.« Phasen, wo ich nicht rausgehen wollte. Phasen, so mit 14, 15, wo ich mich schrecklich fand, obwohl mir niemand in meinem Umfeld das Gefühl gegeben hat. Das nennt man wohl Pubertät. Man findet sich quasi grundsätzlich scheiße. Die Hormone spielen komplett verrückt und man hat sich einfach noch nicht selbst gefunden. Man möchte am liebsten ganz anders aussehen.

# Eine Million Möglichkeiten

Wenn ich zurückdenke, glaube ich, dass die Mädels und Jungs in meinem Alter eigentlich noch relativ Glück hatten. Denn damals, als wir Teenies waren und voll in der Pubertät steckten, gab es weder Instagram noch sonstige Online-Plattformen, auf denen ich mir irgendwelche Models angesehen habe, die zehn Jahre älter waren als ich und mich mit ihrem vermeintlich perfekten Aussehen und ihrem ach so perfekten Leben verglich. Heute kann ich hinter die Kulissen sehen, und glaubt mir, vieles davon ist nur Fassade. Inspiration ist die eine Sache, doch krampfhaft jemandem nachzueifern tut einem nicht gut. In der Pubertätsphase muss man wirklich Geduld mit sich haben. Ich kenne niemanden, der immer mit sich zufrieden war und sich immer schön fand oder findet. Das Gute ist: Man ist nicht alleine damit. Rund um einen herum

stecken alle Freunde in dem gleichen Schlamassel.

Ehrlich, auch heute gibt es noch Tage und Wochen, wo ich mich überhaupt nicht schön finde. Es gibt Zeiten, da denke ich mir, oh Gott, ich gefalle mir im Moment überhaupt nicht. Und ich glaube, es gab noch keinen Tag in meinem Leben, an dem ich morgens mein Spiegelbild mit den zerzausten Haaren und der unperfekten Haut angeschaut habe und dachte: »Boah, du siehst ja echt mega geil aus!« Es gibt tatsächlich Mädels, die direkt nach dem Aufstehen, ungeschminkt und total verpennt, einfach toll aussehen. Ich gehöre leider nicht dazu. Aber immer, wenn ich mir mal nicht so schön vorkomme, weil ich beispielsweise Augenringe bis zum Kinn habe, fange ich einfach an, mich zu schminken und mit jedem Pinselstrich kommt irgendwie das Selbstwertgefühl zurück, so dass ich mich viel wohler fühle und später ganz anders auf Leute zugehen kann.

Viele denken – gerade Männer (PS: Ihr habt keine Ahnung, zumindest die, die sich nicht selbst auch für Make-up begeistern) –, Make-up hat damit zu tun, dass wir uns hinter einer Maske verstecken, weil wir uns ungeschminkt nicht mehr selbst ertragen können, aber das stimmt nicht. Meistens macht es uns einfach nur Spaß, uns zu schminken. Denn an manchen Tagen fühlen wir uns mit Make-up nun mal besser, und das beeinflusst unsere Körpersprache und wirkt positiv auf andere. Und andere reagieren somit auch positiver auf uns. Ein ganz einfacher Kreislauf.

*Für Fotos, die nicht typisch »Instagram-perfect« sind, schaut mal auf meiner Instagram-Seite »noinstamodel« vorbei!*

# EMBRACE YOUR WEIRDNESS

Was mich sofort zum Lachen bringt, sind meine Freunde. Schon früher haben wir so eine Art Partyspiel gespielt, bei dem jeder mit seinem Handy ein Grimassen-Selfie von sich macht. Also nicht bloß Schielen, sondern richtige Gesichtskirmes . Mut zur Hässlichkeit zählt! Dann werden die Handys auf den Tisch gelegt und es wird abgestimmt, wer als Erster rausfliegt, weil das Selfie nicht schlimm genug ist. Und dann kommt die nächste Runde, in der man sich natürlich anstrengt, noch übler auszusehen. Wieder fliegt jemand raus und am Ende hat einer gewonnen. Aber das ist nicht das Wichtigste, sondern dass man sich einfach totlacht. Ihr habt keine Ahnung, wie hässlich die eurer Meinung nach hübscheste Freundin sein kann! Und es ist vor allem super wichtig, über sich selbst lachen zu können.

# UNGESCHMINKT

Grundsätzlich ist erst mal das Einzige, was zählt, dass ihr euch wohlfühlt. Sei es ungeschminkt, nur mit ein bisschen Wimperntusche oder im Olivia-Jones-Look. Es ist euer Gesicht, euer Körper und ihr könnt damit machen, was ihr wollt. In Sachen Make-up gibt es viele Missverständnisse und Vorurteile. Zum Beispiel: Für wen schminken wir uns eigentlich? Ab wann versteckt man sich hinter Make-up? Ab wann wird die Veränderung zu viel?

Immer wenn ich gefragt werde, ob ich mich eigentlich traue, auch mal ohne Make-up auf die Straße zu gehen, wundere ich mich. Die Frage will doch irgendwie andeuten, dass zu »No Make-up« so etwas wie Mut gehört. Vielleicht, da man ungeschminkt nicht mehr zu erkennen ist? Haha! Für mich ist die Frage Quatsch, weil ich zum Beispiel am Anfang meiner Make-up-Tutorials immer ungeschminkt bin, sonst würde das Ganze ja keinen Sinn machen. Und damit zeige ich mich so nicht nur beim Bäcker um die Ecke, sondern vor weitaus mehr Leuten.

Für den Supermarkt, wenn abends Freundinnen zum Mädelsabend vorbeikommen oder einfach nichts Großes ansteht, käme ich im Leben nicht auf die Idee, mich zurechtzumachen. Ich finde, es geht im Endeffekt einzig und allein ums Wohlfühlen. Und wenn man sich wohler dabei fühlt, einen mega Pickel abzudecken, bevor man noch schnell was von der Tankstelle holt, heißt das noch lange nicht, dass man ohne Make-up nicht leben kann.

# Beauty begins the moment you decide to be yourself.

COCO CHANEL

MRS. BELLA
CONTOUR & CONFIDENCE

Ich würde lügen, wenn ich behaupte, dass ich mich ungeschminkt in der Öffentlichkeit wohler fühle als geschminkt. Denn Make-up gibt Selbstsicherheit. Punkt. Man fühlt sich besser, irgendwie stärker und ist entspannter. Und vielleicht denkt man sich so auch eher, dass der Typ an der Supermarkt-Kasse einen wegen des schönen Lippenstifts anstarrt und nicht wegen der drei riesigen Pickel auf der Stirn. Aber zu Hause ist es genauso phantastisch, sich in Jogginghose und Schlabberpulli mal einfach die Augen zu reiben, ohne Angst zu haben, sich das zweite Gesicht wegzuwischen.

# Full Make-up vs. No Make-up?

Ein ganz komisches Thema sind Männer, die neugierig sind, warum wir Frauen uns eigentlich schminken. Oder die Typen, die meinen, dass sie ungeschminkte Mädels und »Natürlichkeit« viel besser finden. Mal ehrlich: Wer hat euch gefragt? Wer sagt denn, dass wir uns für euch schminken? Ganz im Ernst, ich glaube, wenn ich ausgegangen bin, habe ich mich noch nie für Männer zurechtgemacht. Ein Mann kann überhaupt nicht erkennen oder wertschätzen, was für eine Mühe hinter meinem Make-up-Look steckt oder wie teuer mein Highlighter ist, wobei er wahrscheinlich nicht mal weiß, was das überhaupt ist. Ich habe mal einen Mann gefragt, ob er weiß, was Highlighter ist. Er meinte daraufhin: »Ist es das, was ihr alle draufmacht, damit die Haut ›fettig‹ aussieht?« Und ihr Jungs wollt uns jetzt erzählen, dass wir uns nur für euch schminken? Hell no! Von einer Frau ein Kompliment zu bekommen ist deshalb oft für mich viel wertvoller als von irgendeinem Mann. Irgendwie fühlt es sich einfach viel besser und ehrlicher an. Überhaupt, das sollte man viel öfter machen: Komplimente verteilen!

Ich wünschte, alle Frauen würden einander immer so viele Komplimente machen wie in den Toiletten von Clubs.

PS: An alle Mädels, die ich jemals auf einer Club-Toilette getroffen habe: Ich hoffe, es geht euch gut!

# WAS IST DEIN TYP?

Man sagt, zu Schönheit gehört ein gutes Hautbild. Wer das möchte, braucht eigentlich zunächst nur eine Information: den eigenen Hauttyp. Weil man dabei selbst ziemlich oft falschliegt, sollte man nicht lange herumrätseln und einen Profi ranlassen.

Ein schönes Hautbild, was ist das? Die Antwort darauf ist nicht so leicht. Klar kann man sagen, makellose, ebenmäßige Haut ist schön. Keinen einzigen Pickel, Mitesser oder Pigmentfleck zu haben ist super. Doch wer hat das schon? Außer vielleicht ein Neugeborenes.

Wichtig ist, in jeder Phase des Lebens für den eigenen Hauttyp die richtige Pflege zu finden. Und das heißt, erst einmal den Hauttyp richtig zu bestimmen. Viele, die beispielsweise meinen, sie hätten fettige Haut, liegen nämlich daneben. Denn häufig haben sie eigentlich feuchtigkeitsarme Haut, die mit extremer Talgproduktion reagiert, um die fehlende Befeuchtung auszugleichen. Andere wiederum glauben, nur bei öliger Haut entstehen Pickel. Aber auch das stimmt nicht. Wer wie ich Mischhaut mit vielen trockenen Stellen hat, weiß, wie schnell Unreinheiten entstehen können, da die oberste Hautschicht durchlässig ist und Bakterien magnetisch angezogen werden.

## Haut gut, alles gut!

Den Hauttyp genau zu bestimmen, empfehle ich, einem Profi zu überlassen und zu einer Kosmetikerin zu gehen. Und gerade bei Haut, die Probleme macht, würde ich raten, das regelmäßig zu tun – wenn möglich einmal im Monat. Natürlich ist der Besuch bei einer Kosmetikerin nicht gerade günstig, aber ich habe damit die allerbesten Erfahrungen gemacht und immer – egal, ob ich noch zur Schule gegangen bin oder während der Ausbildung – irgendwie versucht, das Geld dafür wegzulegen. Manchmal wünschte ich mir einfach einen Gutschein zum Geburtstag. Denn mit der Zeit habe ich angefangen, das wellnessmäßig zu sehen, weil ich mich zum Beispiel selbst nach dem Ausreinigen einfach besser fühle. Natürlich ist das nicht jedermanns Sache, aber einen Versuch ist es wert.

Viele Kosmetikerinnen bieten beispielsweise auch Behandlungen für Teenager an. Und das kann bei Unreinheiten tatsächlich helfen. Ich sage das ja wirklich häufig, aber man kann es auch gar nicht oft genug sagen: Bei Pickeln auf gar keinen Fall selbst Hand anlegen! Ich weiß, wie schwer es ist, da nicht dranzugehen – ich bin selber so. Aber ich merke einfach sofort: Lasse ich die Finger aus dem Gesicht und drücke nicht an irgendwelchen Mitessern rum, entsteht oft erst gar keine Entzündung. Denn aus einem kleinen Mitesser kann sich mit den Bakterien, die wir selbst nach dem Händewaschen noch unter den Nägeln haben, schnell etwas Großes entwickeln. Unter anderem weil wir bei uns selbst einfach nicht wirklich richtig vorgehen können. Beispielsweise kann eine Kosmetikerin sofort erkennen, in welche Richtung die Lymphen an der betroffenen Stelle verlaufen. Denn man muss mit dem Lymphfluss arbeiten, damit das Ganze abgebaut werden kann. Ansonsten drückt man sich alles nur noch tiefer ins Gewebe und verursacht üblere Unreinheiten als nötig.

Ich komme mittlerweile mit meiner Haut ganz gut klar. Wenn man nämlich irgendwann die richtigen Pflegeprodukte für sich und seinen Hauttyp gefunden hat, klappt es eigentlich ganz gut. Die Suche nach den richtigen Produkten kann eine Weile dauern. Als Teenager probiert man ja so ziemlich alles aus, was man kriegen kann. Ich war ganz genauso. Hier mal diese Pflege und da mal das Mittelchen, dazu noch etwas gegen Pickel und irgendwann weiß man gar nicht mehr: Was hat jetzt eigentlich wirklich geholfen und was nicht? Deswegen würde ich mich, gleichgültig um welchen Hauttyp es geht, immer ein bisschen länger auf ein neues Pflegeprodukt einstellen. Die Haut braucht ungefähr vier Wochen, um zu checken: Okay, da passiert jetzt was.

# Reinigen und Pflegen

Denn selbst viele gute Wirkstoffe legen nicht einfach instant los. Da muss man leider ein wenig geduldig sein.

Da ich durch meinen Job viel unterwegs bin, kommt die Hautpflege manchmal etwas zu kurz. Trotzdem versuche ich, mir einmal die Woche einen Tag ganz für mich zu nehmen. In Kombination mit einem Wellness-Tag zu Hause klappt es am besten, da ich mich so intensiv einfach nur um mich selbst kümmern kann.

Normalerweise schminkt man sich abends nur schnell ab und fällt dann todmüde ins Bett. An dem Tag, den ich für Wellness und Gesichtspflege reserviere, mache ich zum Beispiel ein Dampfbad, um die Poren zu öffnen. Das heißt schlicht, ich fülle heißes Wasser in eine Schüssel, halte das Gesicht darüber und lege ein Handtuch über den Kopf, damit der Dampf nicht so schnell verfliegt. Wer will, kann zum Beruhigen der Haut etwas Kamille dazugeben. Anschließend gönne ich mir eine Gesichtsmaske oder ein ausführliches Peeling unter der Dusche. Ich lasse mir für alles richtig viel Zeit, höre dazu Musik oder gucke in Ruhe einen Film, den ich schon immer mal sehen wollte, oder schaue zum einhundertfünfundsiebzigtausendsten Mal Harry Potter. Dabei muss es sich nicht um einen ganzen Tag handeln, es reichen auch schon ein paar Stunden. Der Sinn dahinter ist, bewusst abzuschalten und sich eine Auszeit nur für sich selbst zu gönnen. Me-Time. Bei mir klappt das am allerbesten mit ein wenig Wellness, ganz allein zu Hau-

se. Andere machen vielleicht Sport, um runterzukommen. Findet einfach etwas, bei dem ihr mal nur mit euch allein seid. Ich finde, diese Zeiten hat man einfach viel zu wenig.

Ansonsten kann ich auch beim Thema Pflege nur empfehlen: auf den Rat der Kosmetikerin hören. Ich bin damit einfach immer super zurechtgekommen und benutze eigentlich seit vielen Jahren mehr oder weniger die gleichen Basic-Produkte.

Neben der richtigen Typbestimmung und Pflege sind für ein schönes Hautbild noch ein paar Punkte nicht unwichtig: Lebensgewohnheiten, guter Schlaf und Ernährung (und dazu gehört übrigens, ausreichend zu trinken, und zwar Wasser!). Ich will mich nicht als Moralapostel aufspielen – ich bin schließlich auch nur ein Mensch und feiere gern –, darum mache ich es auch ganz kurz: Wir alle wissen, Rauchen und Alkohol sind trotzdem nicht gut für die Haut. Fertig.

# SCHÖNER SCHLAFEN

Wenn man zu wenig oder schlecht schläft, hat das jede Menge Folgen. Wer einen geregelten Schlafrhythmus hat, fühlt sich fit und sieht auch noch gut aus. Hier ein paar einfache Tipps, damit das gelingt!

Verrückt, ein Drittel unseres Lebens verbringen wir mit Schlafen. Das macht man sich gar nicht so klar, oder? Wenn wir schlecht oder zu kurz geschlafen haben, können wir uns den ganzen Tag kaum konzentrieren. Manche schlafen bis morgens immer gut durch, andere wälzen sich hin und wieder die ganze Nacht im Bett herum. Dabei brauchen wir unseren Schlaf.

## 7 Stunden Wellness gratis

Auch für die Schönheit. Denn die Regeneration der Haut findet größtenteils über Nacht statt. Und Fakt ist, dass Menschen mit einem guten Schlafverhalten attraktiver wirken als Leute, die darauf nicht so achten. Außerdem: Wer nicht genug schläft, altert schneller. Diese (in etwa) sieben Stunden Schlaf sind unter anderem extrem wichtig fürs Ausse-

hen. Deshalb: Wie schafft man es, sich »schön« zu schlafen?

## 18 TIPPS FÜR DEN SCHÖNHEITSSCHLAF

**1.** Kein Mittagsschlaf! Früher habe ich mich nach der Schule immer ein bisschen hingelegt. Entweder war ich danach so verballert, dass ich nicht mal mehr wusste, welches Jahr wir hatten, so dass ich gleich weitergeschlafen habe und dann nachts ständig wach geworden bin. Oder ich habe mich danach hochgequält und war abends dann überhaupt nicht müde, so dass ich zu spät ins Bett gegangen bin und am nächsten Tag völlig fertig war. Kommt euch das bekannt vor? Dann rate ich euch, abends am besten immer zur gleichen Uhrzeit schlafen zu gehen. Es ist nämlich extrem wichtig, dass euer Körper die sogenannte Tiefschlafphase erreicht und alles, was wir über den Tag erlebt haben, verarbeiten kann.

**2.** Auf jeden Fall sollten alle elektronischen Geräte aus eurem Schlafzimmer verschwinden oder zumindest komplett ausgeschaltet sein. Auch ein Fernseher auf Stand-by läuft noch und gibt kaum wahrnehmbare Geräusche und Strahlen ab, die aber beim Schlafen stören.

**3.** Wenn ihr euer Handy als Wecker benutzt: Flugmodus an!

**4.** Versucht nicht, euren Fernseher als Einschlafhilfe zu benutzen. Hört lieber ein Hörspiel oder lest ein Buch. Folgt euren eigenen positiven Gedanken. So schläft man bewiesenermaßen viel ruhiger und hat angenehmere Träume.

**5.** Wer Probleme beim Einschlafen hat oder eher unruhig schläft, dem empfehle ich zum Beispiel ein kleines Duftkissen mit Lavendelblüten, das ihr neben euer Kopfkissen legen könnt. Der Geruch entspannt, und man kann besser ein- und durchschlafen.

**6.** Auch das Klima in eurem Schlafzimmer ist wichtig. Ihr solltet im Bett nicht schwitzen, aber auch auf gar keinen Fall frieren. 15 bis 18 Grad ist eine super Temperatur zum Schlafen.

**7.** Und bevor ihr euch unter die Decke kuschelt, solltet ihr das Fenster aufreißen und zehn Minuten so richtig lüften. Je mehr Sauerstoff im Zimmer ist, desto besser!

**8.** Worauf ihr auch achten solltet, ist die Dunkelheit in eurem Schlafzimmer. Denn nur, wenn es wirklich düster ist, kann der Körper das Hormon Melatonin produzieren, welches uns gut schlafen lässt.

**9.** Wenn der Körper nachts entgiftet, könnt ihr euch natürlich vorstellen, wo all die Bakterien und winzigen Hautschüppchen landen: auf der Bettwäsche und vor allem auf dem Kopfkissen. Besonders bei unreiner Haut gilt: zweimal die Woche den Kopfkissenbezug wechseln! Wer sich über Unreinheiten auf der Wange wundert, dem könnte das sehr weiterhelfen.

**10.** Wer die Haarspitzen schonen oder Knötchen verhindern möchte, kann beispielsweise zum Schlafen die Haare locker flechten oder ein Seidentuch umbinden. Außerdem kann das auch gegen Pickel helfen, da eure Haare mit den Styling- und Pflegeprodukten nicht über Nacht auf eurem Gesicht liegen.

**11.** Mit am wichtigsten in Sachen Overnight-Beauty ist, sich abzuschminken. Egal, wie müde ihr seid, egal, wie spät ihr nach Hause kommt. Die Haut arbeitet über Nacht am stärksten und braucht einfach genug Sauerstoff, um sich zu regenerieren. Und mit Make-up im Gesicht kann sie schlicht ihren Job nicht machen. Deshalb: immer abschminken!

**12.** Für die Nacht empfehle ich eine reichhaltigere Hautpflege als für den Tag. Cremes, die mehr Feuchtigkeit spenden, sind toll, denn sie unterstützen die Haut, die nachts versucht, sich zu erholen.

**13.** Eine gute Idee ist auch, hin und wieder eine Gesichtsmaske vor dem Schlafengehen aufzutragen und über Nacht wirken zu lassen. So haben Masken auf jeden Fall genug Zeit, alles schön zu durchfeuchten und die Haut geschmeidig zu machen. Einfach vorher ein Handtuch übers Kopfkissen legen.

**14.** Vor dem Schlafengehen noch schnell die Nägel lackieren? Besser nicht! Am nächsten Morgen hat man sonst lauter Abdrücke im Lack und das will ja wirklich niemand.

**15.** Zartere Hände bekommt man, wenn man die Haut vor dem Schlafengehen dick eincremt, Nagelöl in jedes einzelne Nagelbett massiert und dann diese dünnen weißen Baumwollhandschuhe überzieht. Die bekommt ihr in jeder Drogerie. Die Wärme sorgt in den folgenden Stunden dafür, dass sich die Wirkstoffe perfekt verteilen und entfalten.

**16.** Wunderschön gepflegte Lippen über Nacht: einfach ein bisschen Kokosöl auftragen. Das ist natürlich und riecht dazu noch gut.

**17.** Nachts ist die beste Zeit, das Wachstum von Wimpern und Augenbrauen anzuregen. Zum Beispiel mit Rizinusöl (bitte vorher in der Apotheke beraten lassen).

**18.** Und noch ein Pro-Tipp für echten Schönheitsschlaf: Ich trinke vor dem Schlafengehen noch ein richtig großes Glas Wasser. Eines sollte nämlich der Körper nachts auf keinen Fall haben: Durst!

# Nude Glam

# Nude Glam

Ihr wisst ja, ich liebe es, wenn alles Ton in Ton ineinander übergeht. Besonders gefällt mir, wenn man dazu beim restlichen Styling einen Kontrast setzt, zum Beispiel mit einem farbigen Accessoire oder farbig lackierten Nägeln.

## STEP 1

Nachdem ihr einen hellen, matten Lidschatten aufgetragen habt, vertieft ihr eure Lidfalte mit einem warmen Braunton. Danach gebt ihr einen nudefarbenen, schimmernden Lidschatten auf euer bewegliches Lid. Dann setzt ihr mit einem dunkleren, rötlichen Braunton am äußeren Augenwinkel an und verblendet ihn nach innen Richtung Lidfalte. Um den Schimmer zu verstärken, könnt ihr den Ton noch mal mit eurem Finger auftragen.

## STEP 2

Anschließend gebt ihr mit einem kleinen Pinsel denselben dunkleren Braunton auf den unteren Wimpernkranz. Tragt einen Highlighter im Augeninnenwinkel auf, um die Augen größer und strahlender wirken zu lassen. Zum Schluss die oberen und unteren Wimpern kräftig tuschen. Wer den Look intensivieren möchte, kann noch Fake Lashes aufkleben.

## STEP 3

Mit einem fluffigen Pinsel Bronzer unter den Wangenknochen, am Kinn und auf den Schläfen verteilen. Danach tragt ihr etwas Rouge auf und verblendet es gut mit dem Bronzerpinsel.

## STEP 4

Bei diesem Look darf es auch gerne mal etwas mehr Highlighter sein. Achtet darauf, dass die Farbe eurem aktuellen Hautton entspricht und nicht zu hell oder zu dunkel ist.

## STEP 5

Mit einem Lipliner, der ca. einen halben Ton dunkler sein sollte als der Lippenstift, den ihr benutzen möchtet, umrandet ihr eure gesamten Lippen. Lasst den Lipliner leicht nach innen auslaufen. Danach tragt ihr einen cremigen, nudefarbenen Lippenstift auf. Zum Schluss gebt ihr einen helleren Gloss (am besten ohne Glitzerpartikel) obendrüber.

# Für noch mehr Ausdruck

Um einem Make-up-Look noch mal mehr Ausdruck zu verleihen, sind meistens nur ein paar kleine Steps notwendig.

Mit Lidstrich, Kajal und einem matten Rosenholzton auf den Lippen kann zum Beispiel der »Nude Glam«-Look schnell und einfach intensiviert werden.

## STEP 1

Ein Lidstrich verleiht einem Make-up-Look sofort mehr Sexyness. Die Beste Form und Breite des Lidstrichs sind von Augenform zu Augenform unterschiedlich. Zieht euch den Lidstrich, mit dem ihr euch am wohlsten fühlt. Je weiter ihr den Wing nach außen zieht, desto dramatischer wirkt der Look.

## STEP 2

Mit einem schwarzen Kajal setze ich an meinem äußeren Augenwinkel an und schließe meine Augen. Wer es nicht ganz so dunkel möchte, kann stattdessen auch einen braunen Kajal verwenden. Dann bewege ich den Kajalstift bei geschlossenen Augen auf meiner Wasserlinie hin und her. Somit erreicht ihr gleichzeitig eure obere und untere Wasserlinie. Gerade die obere Wasserlinie solltet ihr nicht vergessen, wenn ihr vorher einen Lidstrich gezogen habt, damit keine helle Lücke zwischen Wimpern und Wasserlinie zu sehen ist.

## STEP 3

Ein matter Liquid Lipstick oder Lippenstift in einem Rosenholzton wirkt super sinnlich, passt zu allem und hält die ganze Nacht.

# ERNÄHRUNG
## UND SPORT

# GUTES ESSEN

Schönheit heißt auch, den Körper innerlich gut zu behandeln. Also sich gesund zu ernähren. YouTube bedeutete für mich aber schnell: tschüss geregelte Arbeitszeiten und hallo Fastfood und Süßkram

Als ich mit YouTube anfing, war plötzlich mein ganzer Tagesablauf auf den Kopf gestellt. Nach und nach habe ich das mit der Fitness komplett schleifen lassen und die gesunde Ernährung gleich mit. Es gab so ungefähr dreimal die Woche Fastfood und nebenbei habe ich mir irgendwelche Süßigkeiten reingezogen. Da kam es sogar schon mal vor, dass ich ein ganzes Glas Nutella an nur einem Abend weglöffelte. Auf meine Gesundheit habe ich quasi überhaupt nicht mehr geachtet. Ich ließ mich richtig gehen und irgendwann dämmerte mir, so geht es nicht weiter.

Da fiel mir dann wieder eine meiner Lebensregeln ein: ganz oder gar nicht! Und deshalb habe ich von heut auf morgen alle meine Süßigkeiten verschenkt.

Ihr wisst ja, wenn ich so etwas anfange, dann ziehe ich das auch komplett durch. Also habe ich ein paar Wochen völlig auf Süßes und Cola verzichtet. Keine Ausnahmen, kein Naschen ab und zu. Obwohl Cola mein absolutes Lieblingsgetränk war und auch immer noch ist, habe ich quasi eine Art »kalten Entzug« gemacht und hatte nach relativ kurzer Zeit gar nicht mehr so ein großes Bedürfnis nach Zucker.

## Ganz oder gar nicht!

Apropos Getränke: Egal, was euch gut schmeckt, zu guter Ernährung gehört viel Wasser zu trinken: mindestens anderthalb Liter am Tag. Wasser ist einfach super wichtig für die Haut und man sieht sofort, wer nicht genug davon trinkt! Außerdem sorgt pures Wasser für eine bessere Durchblutung und schnelleren Stoffwechsel. Es wirkt entschlackend und das wiederum hilft beim Abnehmen und der Fitness. Komisch, dass man sich über ein Glas Cola überhaupt keine Gedanken macht, aber nach ein paar Stücken Schokolade manchmal schon das schlechte Gewissen einsetzt.

Bei meinem »kalten Entzug« ist übrigens auch meine heißgeliebte Pizza von meinem Speiseplan verschwunden. Als ich nach einiger Zeit im Restaurant zu meinem Steak mal wieder Pommes anstatt Salat dazu bestellt habe, weil ich wieder richtig Lust darauf hatte, hat es mir gar nicht mehr so gut geschmeckt wie früher. Denn das ist das Gute: Wenn man eine Zeitlang auf zu viel Fett und Zucker verzichtet, verliert der Körper tatsächlich allmählich das Bedürfnis danach. Bei mir war es zumindest so. Und als ich mir nach langer Zeit mal wieder eine Cola gegönnt habe, war ich schockiert, wie eklig süß ich sie fand.

Vor allem dadurch, dass ich bewusst darauf achtete, möglichst wenig Zucker zu mir zu nehmen, ist auch mein Hautbild wesentlich besser geworden! In vielen Lebensmitteln ist natürlich Zucker versteckt, also ernähre ich mich nicht völlig zuckerfrei. Aber allein schon, etwas aufmerksamer zu sein, was man so isst, bringt eine Menge. Klar, nicht jeder Körper reagiert gleich, und manche betrachten es als so etwas wie einen Mythos, dass viel Schokolade und viel Süßkram Pickel verursachen. Aber die Haut ist das größte menschliche Organ. Wenn also ungesundes Zeug abgebaut werden muss, dann auch über die Haut. Deshalb sieht man schlicht nicht gut aus, wenn man sich ausschließlich von Burgern, Schokolade und gesüßten Getränken ernährt. Ich empfehle jedem, der problematische Haut hat, mal eine Weile möglichst komplett auf Zucker zu verzichten. Einfach versuchen, das drei Monate so gut es geht zu reduzieren. Auch das Ersetzen von

## Pickel von zu viel Zucker?

Kuhmilchprodukten durch Hafer-, Reis- oder Kokosmilch hat meiner Haut sehr gut getan. Am Anfang ist das vielleicht nicht so leicht, aber man gewöhnt sich wie gesagt dran und das Ergebnis wird euch bestimmt gefallen.

Ich muss sagen, so knallhart ziehe ich das alles nicht die ganze Zeit durch, aber kurz vorm Sommerurlaub macht es mir fast schon Spaß, weil ich weiß, dass ich mich am Strand noch wohler fühlen werde. Wenn ich mal Heißhunger auf Süßigkeiten oder Fastfood bekomme, dann gönne ich mir auch mal was, um Ruhe zu haben. Das kann man ruhig einmal die Woche machen. Ich würde behaupten, ich ernähre mich ganz normal gesund. Niemand sollte sich wegen Hunger selbst foltern. Lernt euren Körper zu verstehen. Was braucht er? Und wie reagiert er auf welches Lebensmittel? Eigentlich ist es gar nicht so schwer, weitgehend auf Zucker und mega fettige Lebensmittel zu verzichten. Ich denke, allein schon wegen der so viel besseren Haut ist es in jedem Fall einen Versuch wert.

# MEINE EINSTELLUNG ZU SPORT

Wenn man mit der Figur nicht ganz zufrieden ist, bleibt einem eigentlich nur eine Wahl: Sport machen. Ansonsten bringt auf lange Sicht selbst die härteste Diät nichts.

Das Thema Gewicht und Abnehmen ist echt kompliziert. Es gibt so viele unterschiedliche Ausgangssituationen, dass man das Ganze nicht verallgemeinern kann. Jemanden, der vielleicht stark übergewichtig ist und neben dem Gewicht noch andere gesundheitliche Probleme hat, mit jemandem zu vergleichen, der eigentlich nur drei Kilo Winterspeck verlieren möchte, um im Bikini gut auszusehen, ist einfach unfair.

## Auf die Menge kommt es an

Das ist das Einzige, was meiner Meinung nach langfristig Sinn ergibt: eine bewusste Ernährung und einigermaßen viel Sport. Denn mit bloßen Diäten oder gar Hungern landet man ja doch nur beim Jojo-Effekt und bevor man sich versieht, sind aus kleinen Pfündchen mehrere Kilo geworden, die man irgendwie gar nicht mehr loswird. Deswegen: Von Abnehmen ohne Fitness halte ich wenig.

Wer, wie ich eigentlich, auch gern mal ungesundes Zeug, wie Burger oder Pommes isst, sollte einfach darauf achten, dass das nicht so oft vorkommt. Ich bin mir sicher, wenn man alles in Maßen und nicht in Massen isst, kann nicht viel passieren. Klar, die einen nehmen einfach viel schneller zu als die anderen. Aber selbst denen, die nicht so schnell zunehmen, muss bewusst sein, dass der Stoffwechsel mit 40 wahrscheinlich nicht mehr so gut funktioniert wie mit 20. Trotzdem bin ich absolut davon überzeugt, wenn man alles im Rahmen hält und nicht übertreibt, nimmt man auch nicht übermäßig zu. Es ist ganz einfach: Eine Pizza macht einen nicht dick, aber ein einziges Mal joggen gehen macht einen auch nicht schlank. Jeder sollte für sich ein gesundes Mittelmaß finden.

# Absolut niemand ist perfekt!

Denn in der heutigen Zeit finde ich es schwierig, was gerade durch das Internet immer wieder zum Thema gemacht wird: eine perfekte Figur ohne Cellulite und Dehnungsstreifen zu haben. Vielleicht war das auch nie anders, denn es gab zu jeder Zeit Stars und Vorbilder. Doch mir scheint, früher lag der Fokus nicht dermaßen auf Perfektionismus. Heute wird zum Beispiel mit Instagram-Bildern und Photoshop alles perfekt in Szene gesetzt. Natürlich möchte auch ich ein schönes Instagram-Profil. Doch absolut niemand ist perfekt. Irgendwann bekommen wir doch alle Cellulite oder haben sie sogar schon. Ich gehöre natürlich auch dazu. Ob ich das schön finde? Nein. Ob es normal ist? Ja. Natürlich beneide auch ich dieses eine Prozent aller Frauen, die das nicht betrifft. Aber da wir alle im gleichen Boot sitzen, finde ich zum Beispiel Cellulite mittlerweile gar nicht mehr so schlimm. Wer trotzdem unzufrieden damit ist, kann dem Ganzen mit Sport und gesunder Ernährung wenigstens ein bisschen entgegenwirken.

Wie halte beispielweise ich persönlich meine Figur? Sport hat mir eigentlich immer Spaß gemacht. Als Kind war ich zehn Jahre lang im Kunstturnen. Aber mit 15 habe ich zum Leidwesen meiner Eltern und meiner Trainerin aufgehört. Ich war in der Pubertät und mich interessierten plötzlich ganz andere Dinge viel mehr, als ein paar Mal die Woche zum Training zu gehen.

Danach kam eine lange Zeit ganz ohne Sport. Ich hatte keine Lust und andere Sachen in Kopf. Der riesen Fitness-Hype auf Instagram kam erst ein paar Jahre später, und plötzlich habe ich sämtliche Fitnessseiten abonniert und bin absolut mit dem Strom geschwommen.

Auf einmal ging es auf Instagram nur noch um »Squads« und »Abs«. Und ratet mal, wer sich gleich hat anstecken lassen! Natürlich ich. Ein paar meiner Freunde und ich meldeten uns sofort im Fitnessstudio an. Und es begann eine Phase, an die sich vielleicht sogar noch einige meiner Follower erinnern, die seit Tag eins auf meiner Seite mit dabei sind. Plötzlich drehte sich alles nur noch um Fitness und Brokkoli. Der Po

wurde größer und das Sixpack krasser, und ich war wirklich extrem motiviert. Das Ganze ging so ungefähr zwei Jahre, in denen ich bis zu sechs Mal die Woche ins Fitnessstudio gerannt bin.

## Sport extrem

Während meiner Ausbildung war das kein Problem. Ich hatte ja einen geregelten Tagesablauf. Da habe ich meine Sportsachen mit in den Salon genommen und bin direkt nach der Arbeit ins Gym gegangen. Bis mir dann irgendwann so richtig bewusst wurde: Wenn ich für immer so aussehen wollte wie zu der Zeit, würde ich auch für immer diese Menge an Sport machen, diese Disziplin haben und mich so ernähren müssen. Die Figur ist ja nicht irgendwann fertig und bleibt dann für immer so. Und als mir das klar wurde, habe ich buchstäblich das Handtuch geworfen. Meine innere Stimme sagte: »Nee, keine Lust auf Brokkoli bis in alle Ewigkeit, keine Lust auf Toast ohne Butter!«. Und ab da widmete ich mich wieder meinem Nutella-Glas. Wie ich da wieder rausgekommen bin, habe ich euch ja vorhin schon erzählt.

Dann folgte wieder eine lange Zeit völlig ohne Sport. Ich habe gar nichts mehr gemacht. Auf einmal kam es mir vor, als würde ich am Flughafen wohnen, weil ich permanent von A nach B geflogen bin. Ich zog von einem Hotelzimmer ins nächste und habe mir keine Zeit genommen, um wenigstens ein bisschen Sport zu machen. Leute, die tatsächlich im Hotel ins Gym gehen, waren mir schon immer ein bisschen suspekt. Stattdessen war ernährungstechnisch zweimal in der Woche Pizza das Gebot und jeden Tag Cola und Süßigkeiten. Und das Einzige, was mich gerettet hat, ist dass mein Körper bis jetzt so veranlagt ist, nicht allzu schnell zuzunehmen.

# Mein neues Zuhause: der Flughafen

Irgendwann habe ich mich dann aber doch nicht mehr wohl gefühlt. Meine Lieblingshose passte nicht mehr, und der nächste Sommer stand vor der Tür. Ich war frustriert und von mir selbst einfach nur enttäuscht, wie unsportlich ich geworden war. Das ging mir alles so dermaßen auf die Nerven, dass es mich irgendwann motiviert hat, endlich etwas dagegen zu unternehmen. Also habe ich mir eine Fitnessmatte, Gewichte und diese komischen Fitnessbänder gekauft und angefangen, wieder regelmäßig Sport zu machen. Ich habe mir YouTube-Tutorials angeschaut und dazu trainiert. Da gibt es auch Videos, die zum Beispiel nur zehn Minuten gehen und das allein ist schon besser als gar nichts zu machen.

Ich sag's euch ganz ehrlich: Ich bin kein Mensch, der im Sport mega aufgeht und das immer total gerne macht. Meistens fiebere ich jede Minute darauf hin, endlich fertig zu sein. Und ich beneide Leute, die sagen, sie können ohne Sport nicht leben. Allerdings gibt es auch Lichtblicke, und ich bin auf einem guten Weg das Ganze lieben zu lernen.

# Weg mit der Waage

Was beim Thema Sport gerne mal vergessen wird: Es geht nicht nur um Äußerlichkeiten, sondern auch um die Gesundheit. Man muss den Körper bewegen. Und weil man ihn ja noch ein paar Jahre braucht, sollte man ihn auch gut behandeln, damit man nicht schon mit 50 mit einem Krückstock unterwegs ist. Darum macht einfach irgendwas, und wenn es nur ein bisschen Stretching ist, aber unternehmt etwas. Move your body! Sobald man die ersten Erfolge sieht, motiviert einen das extrem, weiterzumachen.

Übrigens hat Gewicht nicht wirklich etwas mit dick oder dünn zu tun. Als ich noch regelmäßig zum Fitness gegangen bin, habe ich natürlich mehr gewogen, als in der Zeit, wo ich gar nichts gemacht habe. Denn wie wir alle wissen, sind Muskeln schwerer als Fett. Und deswegen wird man, je nach Ausgangsgewicht, automatisch schwerer, wenn man Sport macht. Deshalb: Schmeißt die Waage weg und schaut einfach in den Spiegel! Fühlt ihr euch wohl? Denn das erzählt einem keine Waage der Welt.

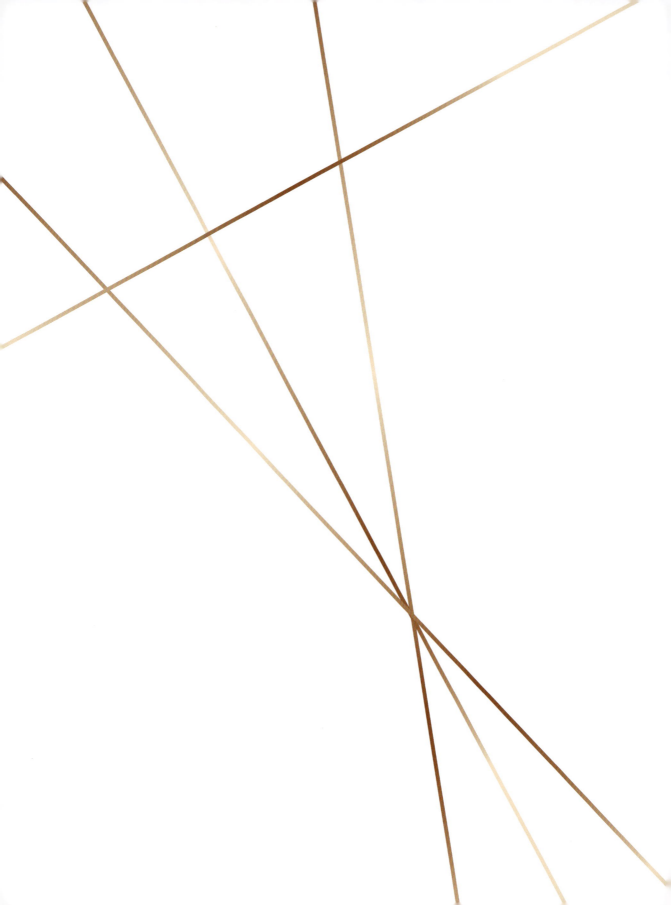

# Some people strive for perfection, but often I find perfection boring.
MARIO TESTINO

MRS. BELLA
CONTOUR & CONFIDENCE

## Zu dick? Zu dünn?

Wenn jemand sehr dünn ist, vielleicht sogar an manchen Stellen Knochen herausgucken, kann das übrigens auch schlicht Veranlagung sein. Ich finde es unglaublich dreist und unfreundlich, wenn manche Leute auf Instagram unter Fotos von super schlanken Mädels oder Jungs schreiben: »Oh mein Gott, iss doch mal was!« Würde man jedoch ein Bild von jemand mit: »Man, bist du dick« kommentieren, würde man aus allen Wolken fallen. Dabei ist beides absolut nicht okay.

Ich finde diese Doppelmoral furchtbar und unter ein Foto: »Du bist aber ekelhaft dürr«, zu schreiben, kann auch deshalb verletzend sein, weil einige vielleicht sogar zunehmen möchten, aber nicht können. Genauso mies ist, jemanden zu hänseln, weil er ein bisschen mehr auf den Rippen hat, obwohl er vielleicht nichts dafür kann.

Meine Meinung zum Thema Figur und Gewicht: Wenn ihr gesund und mit euch zufrieden seid, ist doch alles gut. Denn es ist euer Leben und ihr müsst vor allem mit euch selbst klarkommen. Und den Leuten, die euch mögen, ist vollkommen egal, welche Figur ihr habt.

# SCHÖNHEIT STRAHLT VON INNEN

Es heißt, der erste Eindruck täuscht nicht. Meine Erfahrung ist aber ganz anders. Echte Schönheit hat vor allem mit dem Charakter zu tun.

Schon so, so oft habe ich es erlebt, jemanden kennenzulernen, den ich auf den ersten Blick total attraktiv fand – egal ob einen Mann oder eine Frau. Dann habe ich mich mit der Person ein paar Minuten unterhalten und dachte: doch nicht! Entweder weil man nicht auf einer Wellenlänge ist, oder weil das Gegenüber beispielsweise null Manieren hat. Ich finde, äußere Schönheit wird durch solche Eigenschaften sofort beeinflusst. Und genauso ist es umgekehrt. Anders gesagt: Manche Leute besitzen einen so unfassbar attraktiven Charakter, dass das Aussehen überhaupt keine Rolle spielt und dass die Person auf einmal noch schöner wirkt als vorher.

Bei »innerer Schönheit« fallen mir zum Beispiel Typen aus der Männerwelt ein, die vom Äußerlichen her kaum mein Typ waren. Doch dann fing man an, sich zu unterhalten und der andere entwickelte so etwas wie eine anziehende Aura. Durch das Gespräch hat sich mein Bild häufig um 180 Grad gedreht. Das beweist noch mal, dass man Menschen, die man liebt, automatisch schön findet.

Auf den ersten Blick kann man eben nicht immer sehen, wie ein Mensch wirklich ist. Ich würde sogar so weit gehen und sagen, der erste Eindruck stimmt zu 80 Prozent nicht.

Die anderen machen sich meistens null Gedanken um das, was dir an dir selbst nicht gefällt. Sagt man beispielsweise: »Oh man, ich hab wieder 'nen riesen Pickel bekommen«, ist das vielleicht noch niemandem aufgefallen. Aber ab diesem Moment muss man plötzlich die ganze Zeit hinschauen. Noch ein anderes Beispiel: Manchmal schaue ich mir auf Instagram Bilder an und denke: »Wow, schönes Foto!«. Dann lese ich die Caption und da steht dann so etwas wie: »Bitte beachtet nicht meinen krummen

Fuß!« Und erst dann fällt mir der Fuß auf, auf den ich vorher gar nicht geachtet hatte. Doch ab da kann ich nur noch auf diesen Fuß gucken.

Stattdessen sollte man einfach mal so Sachen sagen wie: Heute gefällt mir mein Outfit total. Und euer Gegenüber wird euch anschauen, eure positive Ausstrahlung registrieren und sich denken: Stimmt, sieht richtig schön aus. Und das hat nichts mit Selbstbeweihräucherung zu tun. Es ist ein super funktionierender psychologischer Trick. Probiert es mal aus!

# Cover
# Look

# Cover Look

Der Cover-Look ist ein ganz besonderer Look für special Events. Er eignet sich beispielsweise perfekt für den Abiball, für Silvester, zum Feiern gehen oder auch einfach für ein cooles Instagram-Bild. Und dabei wirkt das Make-up viel schwieriger als es eigentlich ist! Mit ein wenig Übung schafft das jeder!

## STEP 1

Einen burgundyfarbenen Lidschatten in die Lidfalte einarbeiten und gut verblenden. Dabei ist es egal, wenn der Lidschatten sich auch auf das bewegliche Lid verteilt, da ihr später mit einem Concealer sowieso eine »Cut Crease« zieht.

## STEP 2

Um eine »Cut Crease« zu kreieren, nehmt ihr einen flachen Synthetik-Pinsel, und einen gut deckenden Concealer. Ob ihr einen flüssigen oder eher cremigen Concealer nehmt, könnt ihr selbst entscheiden, je nachdem wie ihr am besten arbeiten könnt. Um die perfekte Position der »Cut Crease« für euer Auge zu finden, schaut ihr mit leicht geöffneten Augen nach unten in einen Spiegel und zieht dann eine Linie knapp über eurer natürlichen Lidfalte. Damit der Concealer auch über den Tag nicht verwischt, settet ihr ihn mit einem hellen, matten Lidschatten.

## STEP 3

Danach zieht ihr euch einen Lidstrich. Bei diesem Look empfehle ich zusätzlich Fake Lashes aufzukleben.

## STEP 4

Wenn ihr einen sehr dunklen Lippenstift nehmt, empfehle ich, die Farbe an euren Lidschatten anzupassen. Somit wirkt der gesamte Look harmonischer, gerade bei einem auffälligeren Make-up.

MORE
# SELF–LOVE

# POSITIVE VIBES ONLY!

Alles, was man denkt, alles, was man fühlt, und alles, was man ausstrahlt, kommt zu einem zurück – davon bin ich fest überzeugt. Deshalb sollte man immer versuchen, positiv zu denken.

Positive Vibes Only, das war schon immer mein Motto. Und es zieht sich durch mein ganzes Leben. Das kommt vielleicht daher, weil meine Eltern zu meiner Schwester und mir früher immer sagten: »Alles wird gut!«

Geht es zum Beispiel um Liebeskummer, dann versucht euch einfach vorzustellen, wie ihr das Ganze in ein paar Monaten seht. Denkt euch einfach ein wenig in die Zukunft. Da wird eure Situation schon ganz anders aussehen. In diesem Moment ist immer alles ganz furchtbar, das weiß ich. Aber es hilft wirklich, sich in den Zustand zu versetzen, in dem man sich eigentlich gerne befinden will. Das ist der erste Schritt dazu, dass es einem wieder besser geht.

Natürlich gibt es Schicksalsschläge, die man nicht so einfach verarbeiten kann – beispielsweise, wenn Freunden oder Familienmitgliedern etwas zustößt oder wenn man selbst sehr krank ist. Doch zu Liebeskummer, Trennungen & Co. kann man nach dem ersten Schock nur sagen: Es war offensichtlich nicht das Richtige. Und das heißt, es kommt etwas Besseres. Nach dem Motto: Schließt sich ein Fenster, öffnet sich irgendwo eine Tür.

Etwas, das ich eigentlich so ziemlich jeden Tag anwende und was mein Leben auf jeden Fall auf positive Art verändert hat, ist die Macht der Gedanken. Eigentlich ein ganz einfaches Prinzip, das jeder kennt: Ihr sprecht beispielsweise über eine Bekannte, die ihr eine Ewigkeit nicht gesehen habt, und am nächsten Tag oder noch am gleichen Tag trefft ihr zufällig genau diese Person. »Wenn man vom Teufel spricht«, dieser Spruch kommt ja nicht von ungefähr.

## Schließt sich ein Fenster, öffnet sich irgendwo eine Tür

Oder ein anderes Beispiel: Es geht am Morgen schon eine Kleinigkeit schief, man regt sich darüber auf und plötzlich zieht sich das Unglück durch den ganzen Tag. Alles geht schief. Ihr konzentriert euch einfach nur auf die Dinge, die nicht gut laufen, und so steigert ihr euch immer mehr in diese negative Situation hinein. Der einfachste Trick der Welt ist, sich genau auf das Gegenteil zu konzentrieren, und zwar auf die Dinge, die gut laufen. Weil alles, was ihr denkt, alles, was ihr fühlt, und alles, was ihr ausstrahlt, zu euch zurückkommt. Darum: Positive Vibes Only!

Man kann sich mit guten Gedanken genauso aufladen wie mit schlechten. Ihr kennt bestimmt auch Leute, die in der Grippezeit im Winter zwar noch total gesund sind, aber sofort sagen: »Mich wird es auf jeden Fall erwischen, ich merke schon, wie ich krank werde.« Und bei denen kann man sich auf jeden Fall sicher sein, dass es genau diejenigen sind, die krank werden. Anders gesagt: Wer kein Gesundheitsbewusstsein hat, hat ein Krankheitsbewusstsein. Also wenn ihr merkt, dass ihr euch vielleicht erkältet habt, dann denkt einfach: »Ich bleibe gesund.« Wer nämlich übers Kranksein nachdenkt, denkt eben nicht übers Gesundsein nach.

Wir alle sollten versuchen, nicht so negativ zu denken. Denn tut man das zu oft, fallen einem höchstwahrscheinlich nur die negativen Dinge im Leben auf. Und umgekehrt funktioniert es nicht nur genauso, sondern es fühlt sich logischerweise viel besser an. Positive Ausstrahlung erhält positives Feedback. Das hat nichts mit Aberglaube oder irgendetwas Spirituellem zu tun. Sondern es ist einfach eine logische Konsequenz, die jeder von uns schon mal auf der einen oder anderen Seite erlebt hat: Wenn ich zu Leuten scheiße bin, dann sind die Leute auch scheiße zu mir – ein ganz einfaches Prinzip.

Diese Einstellung hilft mir, in meinem Leben besser klarzukommen. Und in vielen Situationen ruhig zu bleiben, und Dinge einfach besser anzunehmen. Zum Beispiel habe ich mich früher beim Autofahren immer mega schnell über jede Kleinigkeit aufgeregt. Fluchen hinterm Steuer, wer kennt's nicht? Irgendwann kam mir die Erkenntnis, der Typ, der vor mir in der 50er Zone mit 30 rumschleicht, macht das nicht, um mich zu ärgern, schließlich kennt der mich ja gar nicht. Eigentlich logisch, aber wenn man sich das genau vor Augen hält, beruhigt es einen ein kleines bisschen. Ich verfluche diese Leute zwar immer noch, allerdings immerhin nicht mehr

so schlimm wie früher. Aber hey, besser ein kleiner Fortschritt als gar keiner, oder?

Denn Dinge gehen halt einfach auch mal schief, damit andere Dinge besser laufen können. Ich wette, jeder von euch hat mindestens eine positive Situation im Kopf, die nicht zustande gekommen wäre, wenn vorher eben nicht etwas Negatives passiert wäre. Darum ist es einfach super wichtig, positiv zu denken. Manchmal funktioniert das nicht – auch ich bin natürlich nicht immer positiv eingestellt. Aber ich bemühe mich, in allem einen Sinn zu sehen. Wenn etwas nicht klappt, versuche ich zu analysieren, warum die Dinge nicht so laufen, wie ich sie gerne hätte. Und dann überlege ich, ob es einen Weg gibt, diese Dinge zu ändern. Oder ob ich vielleicht noch nicht wirklich bereit dafür bin.

Diese positive Denkweise hat vor ein paar Jahren meine Lebensweise komplett verändert. Ich bin dadurch aufgeschlossener geworden. Immer wenn meine Freundinnen oder Freunde meinen, das klappt auf gar keinen Fall, ich aber davon überzeugt bin, dass es funktioniert, sage ich: »Glaubt mir, das klappt!« Und mittlerweile habe ich durch viele, viele Erfolgserlebnisse schon alle damit angesteckt.

Mit positiver Energie kann man so viel mehr bewirken als man denkt, auch bei anderen. Es berührt mich, wenn ich beispielsweise in den Kommentaren eine Nachricht von einer Frau entdecke, die Mitte 50 ist und schreibt: »Ich danke dir von Herzen! Wegen dir habe ich wieder Spaß daran gefunden, mich hübsch zu machen.« Oder: »Du hast mir durch eine ganz schwere Zeit in meinem Leben geholfen. Deine Videos haben mir wieder positive Energie gegeben.« Und dann merke ich erst wieder, wie viel man anderen geben kann. Von außen sind es meinetwegen nur Beauty-Tutorials, aber man muss sich immer bewusst sein, dass man auch die Chance hat, viel positive Kraft zu geben, indem man Leuten eine Freude macht .

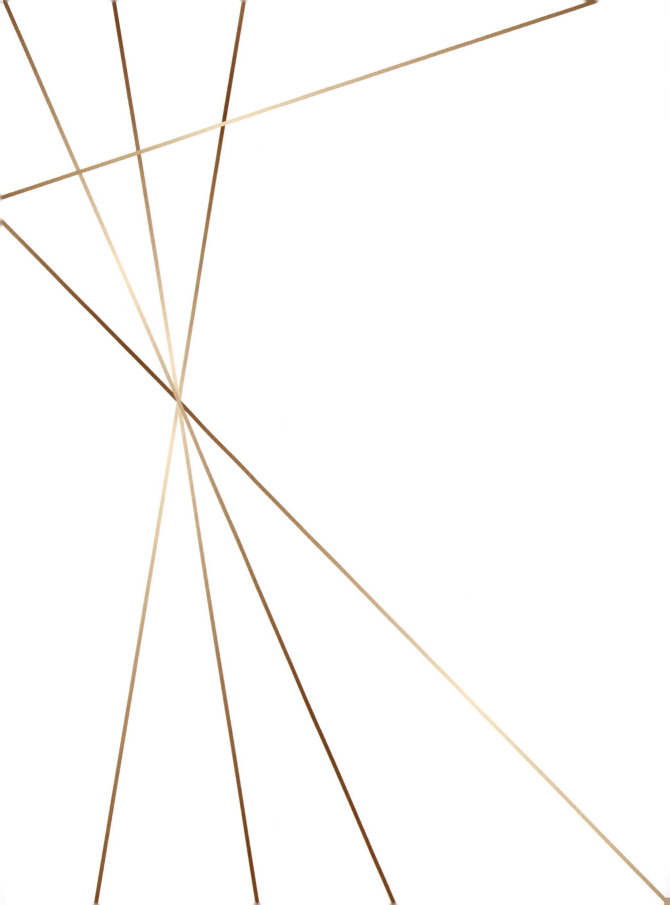

# Confidence Level: Kanye West

MRS. BELLA
CONTOUR & CONFIDENCE

# THE DIFFERENCE BETWEEN CONFIDENCE AND COCKINESS

Selbstbewusstsein wird oft mit Arroganz verwechselt.
Meiner Meinung nach völliger Schwachsinn. Schließlich kann man
nur selbstbewusst sein, wenn man sich auch selbst gut findet.

Zum ersten Mal richtig verliebt war ich mit 15, 16 – so um den Dreh. Und das erste Mal Liebeskummer hatte ich direkt danach. Oder besser gesagt: gleichzeitig. Doch wenn ich mich jetzt daran erinnere, denke ich: Was für ein Kindergarten! Aber, hey, da muss man wohl durch, oder? Jedenfalls habe ich später festgestellt, wirklich mit Liebe hatte das wenig zu tun. In einem gewissen Alter glaube ich, ist das einfach so und auch heute kenne ich viele Mädels und Jungs, die meinen, wenn sie etwas nicht haben können, ist es erst richtig interessant. Aber sobald sie ihr Ziel erreichen und jemanden erobert haben, existieren plötzlich doch keine Gefühle mehr. Das Ganze ist einfach bloß Jagdinstinkt. Doch »Verliebtsein« und vor allem »Liebe« fühlt sich anders an und ich denke, das merkt jeder, wenn es soweit ist. Und je mehr man zu sich selbst steht, desto eher kann man sich auf einen anderen Menschen einlassen.

Darum ist es wichtig, sich selbst zu lieben. Das hat nichts mit Selbstverliebtheit zu tun, sondern damit, seinen eigenen Wert zu kennen und sich selbst zu mögen, wie man ist. Denn »selbstverliebt« und »selbstbewusst« sind einfach zwei komplett verschiedene Paar Schuhe.

Was wir alle viel mehr tun sollten, ist uns selbst zu lieben! Es ist überhaupt nichts falsch daran zu sagen: »Ich fühle mich hübsch. Ich finde, ich kann dies und das richtig gut.« Nehmt doch mal einen Stift und ein Blatt Papier und schreibt auf, was ihr an euch gut findet. Was findest du an dir gut? Was kannst du besonders gut? Magst du deine Augenbrauen total gerne? Findest du deine Wimpern toll? Gefällt dir dein Lächeln? Kannst du eine Sportart richtig

gut? Spielst du ein Instrument? Was ich damit sagen will: Es gibt tausende von Eigenschaften, die einen ausmachen. Und nicht immer nur eine, die man auch noch doof findet. Schreibt das Ganze in den nächsten Tagen einfach auf und ich bin davon überzeugt, wenn ihr richtig darüber nachdenkt, fallen euch so viele Sachen ein, die ihr euch nur nicht immer bewusst macht. Wisst ihr, wie oft ich früher gesagt habe, ich kann nichts besonders gut? Ich kann kein Instrument spielen und wenn ich singe, dann bluten den anderen die Ohren. Aber man muss ja nicht gleich Weltmeister in allem sein. Man braucht nicht für alles eine Auszeichnung. Ich war auch schon für x Awards nominiert und habe nicht gewonnen. Doch das heißt ja nicht, dass ich schlechter als andere war oder meinen Job vielleicht nicht so gut mache.

## I love ME!

Ich finde, wenn man mit irgendetwas an sich selbst unzufrieden ist, kann man schon versuchen, das zu verändern. Aber es gibt auch einfach Dinge, die einen ausmachen, und man sollte wirklich versuchen, dies zu akzeptieren. Klar, es wäre echt geheuchelt, wenn ich jetzt behaupten würde: »Oh, da ist ein neuer Pickel, aber kein Problem, ich muss den lieben lernen, weil er zu mir gehört.« Denn natürlich fühle ich mich damit nicht wohl. Doch im nächsten Moment denke ich schon, wie froh ich sein kann, dass es eine riesengroße Auswahl an Concealer, Puder und Foundation gibt, um das Ganze abzudecken und sich sofort wieder besser zu fühlen. Übrigens, das Meiste stört einen sowieso nur selbst. Ich kenne es jedenfalls nicht, dass jemand auf mich zukommt und ich sofort denke: »Oh mein Gott, der hat ja tatsächlich keine perfekte porenfreie Haut, wie furchtbar!« Deshalb einfach mal versuchen, weniger kritisch mit sich selbst zu sein.

Stellt euch bitte mal vor, jeder könnte sich selbst erschaffen. Ich glaube, wir würden dann fast alle gleich aussehen. Und die Kardashians hätten wohlmöglich keinen Job mehr, weil sie aussehen würden wie alle anderen auch. Allerdings wäre das so langweilig, so unglaublich langweilig.

Und: Man ist nie fertig mit sich selbst, man kann sich immer wieder neu erfinden und somit zu sich selbst finden. Wir können immer wieder etwas Neues ausprobieren und herausfinden, wer wir sind. Dabei kann man kann sich an anderen orientieren oder Vorbilder haben, die einen inspirieren. Aber es ist wichtig, sich dabei nicht selbst zu verlieren. Denn im Endeffekt sollte man so bleiben, wie man ist, denn alle anderen gibt es ja schon. Wir sind schließlich keine Kopie von irgendjemandem, sondern Unikate.

Es gibt nur eine Person, die 24/7 an eurer Seite ist, und das seid ihr selbst. Wenn ich mir vorstelle, ich müsste immer mit jemandem abhängen, den ich nicht mag – no way!

Love YOURSELF.

# Don't confuse confidence with cockiness.

MRS. BELLA
CONTOUR & CONFIDENCE

MRS. BELLA
CONTOUR & CONFIDENCE

# NOCH MEHR BEAUTY-TIPPS FÜR
# EINEN SCHÖNEN TEINT

Nach dem Konturieren immer noch einmal mit einem großen Puderpinsel über das Gesicht gehen, um harte Kanten zu vermeiden. Das hilft auch, wenn man mal zu viel Rouge verwendet hat. Einfach mit dem Puderpinsel und dem Restprodukt, welches noch dran ist, drübergehen und schon ist der kleine Patzer verschwunden.

Bei einer sehr deckenden Foundation mit hohem Puderanteil kann es oft passieren, dass das Ergebnis am Ende sehr maskenhaft wirkt. Um das zu vermeiden, verwendet ihr für solche Foundation am besten ein etwas feuchteres Make-up-Ei. Das lässt das Ganze viel natürlicher aussehen.

Zum Konturieren muss es nicht immer unbedingt ein spezieller Bronzer oder ein bestimmtes Contouring Powder sein. Wenn ihr mit einem bestimmten Puder extrem gut zurecht kommt, dann holt es euch doch einfach zwei Töne dunkler und benutzt es als Contouring Powder. Ich finde diese Töne sind manchmal sogar schöner als ein klassischer Bronzer, da diese oft zu orange sind. Contouring Powder ist hingegen oft zu gräulich. Mit dem Puder löst ihr das Problem!

Wer seine eigene Foundation mischen möchte, macht das am besten in einem leeren Cushion-Make-up. Keine Pipette, kein Drehverschluss und keine Sauerei mehr.

Bei Pickeln und Rötungen, die trotzdem durch die Foundation durchscheinen, nehmt ihr einen kleinen, festgebundenen Pinsel (zum Beispiel Concealer-Pinsel), geht damit in ein deckendes Puder und tupft über die Stellen, an denen ihr mehr Deckkraft haben wollt.

Wer ein natürlicheres Finish möchte, benutzt erst Highlighter und dann Rouge. So verbinden sich beide Produkte noch harmonischer miteinander.

# NOCH MEHR BEAUTY-TIPPS FÜR SCHÖNE AUGEN

Schimmernde oder glitzernde Lidschatten entweder zusätzlich oder nur mit den Fingern auftragen! So pressen sich die einzelnen Pigmente zusammen und kommen viel besser zur Geltung. Das Ergebnis wirkt pigmentierter und schimmert um ein Vielfaches mehr!

Um das klassische »Absetzen« des Concealers zu vermeiden, die Foundation nicht unter die Augen auftragen. Denn je mehr Produkt ihr auftragt, desto mehr kann sich auch absetzen.

Und: Augencreme nicht vergessen. Am besten ein Gel, das fettet nicht nach.

Mit einem Stück einfachen Klebeband den unteren Rand, da wo normalerweise euer Wingliner hinkommt, abkleben. Mit einem kleinen fluffigen Pinsel geht ihr mit einer dunklen Lidschattenfarbe am oberen Rand des Klebebands entlang. Zum Schluss könnt ihr den Klebestreifen einfach abziehen. Das Ergebnis: ein präziser Smokey Wingliner, ohne dass ihr ein einziges Mal einen Eyeliner in die Hand genommen habt.

Mit Highlighter nochmal über die Mitte des Auges gehen, denn Highlighter hat eine andere Konsistenz und ein anderes Finish als ein Lidschatten. Für einen intensiveren Glow, gerade im Sommer.

Für alle mit Lash-Extensions: Sollte etwas Lidschatten auf den Wimpern gelandet sein, dann bürstet diesen zuerst mit einem Wimpernbürstchen gut weg und geht danach mit einem schwarzen Lidschatten und einem flachen Pinsel vom Wimpernkranz beginnend über die Wimpern, um sie wieder tiefschwarz erscheinen zu lassen.

Wenn ihr mit der Wimperntusche mal danebenhaut, kein Problem. Lasst den Patzer komplett antrocknen und geht erst danach mit einem trockenen Wattestäbchen über die Stelle und nehmt die Mascara-Spuren einfach weg.

Wimperntusche erst nach dem Fixing-Spray auftragen, weil sonst die Mascara verschmieren könnte.

Nach dem Augenbrauenzupfen bleiben meist die kleinen Flaumhärchen stehen, die man mit einer Pinzette nicht zu packen bekommt. Also geht mit einem Augenbrauenrasierer vorsichtig über und unter den Augenbrauen entlang. Das sorgt für einen richtigen Glow und ein viel saubereres Ergebnis!

# NOCH MEHR BEAUTY-TIPPS FÜR
# SCHÖNE LIPPEN

Für super weiche Lippen: Es muss nicht immer unbedingt ein Lip Scrub sein. Wenn es mal schnell gehen muss, könnt ihr einfach euer Handtuch anfeuchten und damit sanft über die Lippen gehen, um abgestorbene Hautschüppchen zu entfernen.

Bei Lipliner: Immer am äußeren Mundwinkel ansetzen und dann zum Lippenbogen ziehen. So wirkt die Lippe voluminöser und fällt nicht nach unten hin ab.

Bei Liquid-Lipstick möglichst nur eine Schicht auftragen. Versucht nicht mehrere Schichten übereinander aufzutragen, da der Lipstick sonst zu sehr austrocknet und die Schichten abbröseln können.

MRS. BELLA
CONTOUR & CONFIDENCE

# Bildnachweis

**ALLE FOTOS VON BELLA:**
© Benjamin Becker Photography

**ALLE ANDEREN FOTOS:**
© shutterstock

Seite 8: ArthurStock
Seite 9: Pro3dArtt
Seite 12, Seite 14: Nik Merkulov
Seite 16: Preto Perola
Seite 19: Pro3dArtt
Seite 21: onair
Seite 35: imagehub
Seite 38/39: Nataliia Melnychuk
Seite 48/49: Vorobyeva
Seite 50: aliraspberry
Seite 54: 279photo Studio
Seite 55: Chursina Viktoriia
Seite 57: amenic181
Seite 58: PearlWinchester
Seite 59, Seite 63: 279photo Studio
Seite 65: Foonia
Seite 67: kedrov
Seite 68: Master1305
Seite 69: nuclear_lily
Seite 72/73: urfin
Seite 75: Veja
Seite 82/83: Damir Khabirov
Seite 86: July Prokopiv
Seite 87: Igisheva Maria
Seite 88: Chursina Viktoriia
Seite 90/91: aimy27feb
Seite 93, Seite 98: Chursina Viktoriia
Seite 102/103: Floral Deco
Seite 105: Chursina Viktoriia
Seite 106: Iriskass

Seite 108/109: Igisheva Maria
Seite 116: Nik Merkulov
Seite 118/119: Natalia Klenova
Seite 123: artcasta
Seite 126: Rudo film
Seite 133: symbiot
Seite 135: PearlWinchester
Seite 138: JAYANNPO
Seite 146/147: SUPREEYA-ANON
Seite 149: MaraZe
Seite 150: IriGri
Seite 153: RomarioIen
Seite 154: nadianb
Seite 158: Ninell
Seite 160/161: 279photo Studio
Seite 164: Pro3DArtt
Seite 167: Karana
Seite 168/169: jitthiluk
Seite 171: Nik Merkulov
Seite 173: woodpencil
Seite 177: Plateresca
Seite 178: Svetlana Lukienko
Seite 179: aimy27feb
Seite 185: artcasta
Seite 187: Foonia
Seite 188: Fisher Photostudio
Seite 189: Nik Merkulov